海德格尔文集

孙周兴　王庆节　主编

从思想的经验而来

孙周兴　杨　光　余明锋　译

Martin Heidegger
Aus der Erfahrung des Denkens
2. Aufl. 2002
© Vittorio Klostermann, Frankfurt am Main 1983
Gesamtausgabe Band 13,
Herausgegeben von Hermann Heidegger

Zur Erörterung der Gelassenheit. Aus einem Feldweggespräch über das Denken (1944/45)
©1959 Klett-Cotta-J. G. Cotta'sche Buchhandlung Nachfolger GmbH, Stuttgart
Aus der Erfahrung des Denkens (1947)
©1954 Klett-Cotta-J. G. Cotta'sche Buchhandlung Nachfolger GmbH, Stuttgart
Hebel-der Hausfreund
©1957 Klett-Cotta-J. G. Cotta'sche Buchhandlung Nachfolger GmbH, Stuttgart

本书根据德国维多里奥·克劳斯特曼出版社 2002 年全集版第 13 卷译出

国家社会科学基金重大项目成果

中文版前言

德文版《海德格尔全集》于1975年启动,迄今已出版了80余卷(按计划将编成102卷)。已出版者包含了海德格尔著作(含讲座、手稿等)的基本部分(即全集第1—3部分),余下未出版者多为书信、札记等(全集第4部分,第82卷始)。随着德文版《海德格尔全集》出版工作的顺利推进,世界范围内的海德格尔翻译和研究已呈蓬勃之势,目前至少已有英、法、意、日四种文字的全集版翻译,据说西班牙文和阿拉伯文的全集版翻译也已经启动。相比之下,汉语的海德格尔翻译仍然处于起步阶段,甚至不能与亚洲邻居的日、韩两国比较,严肃的译著至今只有十几种而已。这种状况是令人羞愧的。

为让中文世界更完整、更深入地理解海德格尔思想,经反复酝酿,我们计划根据《海德格尔全集》版,编辑出版中文版《海德格尔文集》,收录海德格尔的代表性著作30卷,其中前16卷为海德格尔生前出版的全部著作(我们依然认为这一部分是《海德格尔全集》中最值得关注的,包含了作者已经稳定下来的思想),而其余14卷为海德格尔的重要讲座稿和手稿。我们假定,这30卷属于海德格尔的"基本著作",基本上已能呈现海德格尔思想的总体面貌。当然,我们也并不因此否认其他卷本(讲座稿和手稿)的意义,而且我们也愿意认为,中文世界对海德格尔思想的深入研究和完整理解,仍然要基于对《海德格尔全集》的系统译介。但我们选译的30卷至少已经走出了第一步,也或可为将来可能的中文版《海德格尔全集》的工作奠定一个基础。

所选30种著作中,约半数已有成熟的或比较成熟的中文译本,少数几种已经译出了初稿,其余约十余种则有待新译。已出版的译著在编入《海德格尔文集》时,将根据德文全集版重新校订,因为其中有几种原先只是根据单行本译出的,也有几种在译文品质上是稍有欠缺的。

由于是多人参与的多卷本(30卷)译事,又由于众所周知的海德格尔语文表达方面的奇异性,中文版《海德格尔文集》在译文风格上是难求统一的,甚至在基本词语的译名方面也不可能强行规范划一。这是令人遗憾的,不过也可能为进一步的义理辨析和讨论留下空间。我们唯希望能够尽量做到体例方面的统一,以便至少让人有一套书的整体感。

按照我们的计划,中文版《海德格尔文集》每年出版5种左右,约五、六年内完成全部30卷的翻译和出版工作。我们希望藉此为中国的海德格尔研究事业提供一个基础性的讨论平台,也愿学术界有识之士为我们的工作提供批评、建议,帮助我们做好这项大型的学术翻译事业。

孙周兴　王庆节
2011年12月8日

把一粒种子播入土地，
把一个词语带向浩瀚，
要是时候到了，
你将收获一切！①

丽娜·克罗默②

上雷根

---

① 原文为阿雷曼语：E Chorn in Bode, /e Wort ins Wit, / du ärnsch vo jedem, /vo jedem, wenn's Zit! Lina Kromer/ Obereggenen。——译注

② 丽娜·克罗默（Lina Kromer, 1889—1977 年）：德国乡土诗人。——译注

目　　录

1. 亚伯拉罕·阿·圣·克拉拉(1910 年) ……………………… 1
2. 早期诗歌(1910—1916 年) ……………………………… 5
3. 生机勃发的风光:我们为何待在乡下?(1933 年) ………… 8
4. 通向交谈之路(1937 年) ………………………………… 13
5. 暗示(1941 年) …………………………………………… 19
6. 索福克勒斯的安提戈涅合唱(1943 年) ………………… 33
7. 对泰然任之的探讨——从一次关于思想的乡间路上的
   谈话而来(1944/1945 年) ……………………………… 36
8. 从思想的经验而来(1947 年) …………………………… 86
9. 乡间路(1949 年) ………………………………………… 98
10. 林中路("未来的人……")(1949 年) ………………… 103
11. 读莫里克的一首诗:马丁·海德格尔与埃米尔·施泰格的
    一次通信(1951 年) …………………………………… 104
12. 什么叫阅读?(1954 年) ……………………………… 122
13. 关于钟楼的秘密(1954 年) …………………………… 123
14. 评朗恩哈德的《黑贝尔》书(1954 年) ………………… 126
15. 关于西斯廷(1955 年) ………………………………… 128
16. 约翰·彼得·黑贝尔的语言(1955 年) ………………… 131
17. 与奥特加·伊·加塞特的会面(1955 年) ……………… 135

18. 什么是时间？(1956年) ……………………………………… 138
19. 黑贝尔——家之友(1957年) ………………………………… 139
20. 手工作坊札记(1959年) ……………………………………… 159
21. 语言与故乡(1960年) ………………………………………… 163
22. 关于伊戈尔·斯特拉文斯基(1962年) ……………………… 191
23. 致勒内·夏尔(1963年) ……………………………………… 192
24. 阿达尔贝特·施蒂夫特的《冰的故事》(1964年) …………… 193
25. 对曾在之物的暗示(1966年) ………………………………… 206
26. 艺术与空间(1969年) ………………………………………… 209
27. 符号(1969年) ………………………………………………… 218
28. 人的栖居(1970年) …………………………………………… 221
29. 所思(1970年) ………………………………………………… 231
30. 活的兰波(1972年) …………………………………………… 236
31. 语言(1972年) ………………………………………………… 239
32. 圣名的缺失(1974年) ………………………………………… 241
33. 弗里多林·维普林格的最后造访(1974年) ………………… 246
34. 回忆艾尔哈特·凯斯特纳(1975年) ………………………… 249
35. 马丁·海德格尔的祝词(1976年) …………………………… 251

文献说明 ……………………………………………………………… 252
编者后记 ……………………………………………………………… 263
译后记 ………………………………………………………………… 265

1. 亚伯拉罕·阿·圣·克拉拉[①]
——为其于1910年8月15日在克里汉斯腾的纪念碑揭幕而作

自然、清新健康、偶尔粗糙的格调,为此次事件赋予了独特的印记。克里汉斯腾[②],这朴实的乡村,和村里那些坚韧、自信而孤僻的居民一道,沉睡在一处低洼的山谷。连教堂也甚古怪。必因自身的朴拙吧,它独隐没在红黑色房顶间,不像弟兄教堂那样面朝广阔田野。几无造型的地带,云雾缭绕的片片幽暗冷杉林,还有闪电般发光的、刺眼的石灰岩散落各处,所有这些组成了一幅氛围奇异的画面。

揭幕仪式的风格亦是如此朴实、清新和真实。游行队伍没有浮华场面,却自尊自重,完全是豪贝格地方风格[③],队伍穿过弯弯曲曲、如节日般洗刷干净的街道,和许多陌生人一起抵达乡村教堂

[①] 亚伯拉罕·阿·圣·克拉拉(Abraham a Sankta Clara,1644—1709年):巴洛克时期德语世界最重要的天主教布道者。生于克里汉斯腾,卒于维也纳。原名麦格勒(Johann Ulrich Megerle),1662年在维也纳入奥古斯丁修士会时改名,名字意为"圣克拉拉修院的亚伯拉罕"。著作极丰,语言奇幻有力。——译注

[②] 克里汉斯腾(Kreenheinstetten):德国巴登-符腾堡州的一处村庄。——译注

[③] 豪贝格地方风格(Heubergerart):豪贝格是山名,克里汉斯腾概位于该山区。——译注

南面的纪念碑。

一曲"天国颂"升入炙热的、孕着暴雨的夏日空气。一位市民用糟糕却还算应景的言辞问候客人。恩格斯维斯①的盖斯勒（Geßler）神父介绍了纪念碑的缘起，心怀感激地追念维也纳这座值得尊敬的城市，正是这座城市在为自己的宫廷神父"恢复荣誉"一事上"奠定了基础"；他还以赞颂的口吻提及纪念碑建立过程中功勋卓著的精神领袖、哥金根②教会理事和教长米歇尔·伯格（Michael Burger），并把纪念碑转交给了教区。

"今天，维也纳与克里汉斯腾携手"，帝国城市、首府和王室官邸维也纳的一位身居高位的代表现在向庆祝人群如是宣言。对于这座曾经备受压迫的城市来说，亚伯拉罕·阿·圣·克拉拉是一位天降圣人，就像后世的克雷门斯·玛利亚·豪夫鲍尔③和令人难忘的吕戈尔④一样。精挑细选的词语、对奥地利人民的忠实信念和热爱，都曾有过令人着迷的魔力。

音乐表演、歌曲、诗歌朗诵旋即轮番登场，而后，集会演讲嘉宾（也是粗糙的豪贝格之子）、来自艾格廷根⑤的神父马丁，登上舞台。"亚伯拉罕该得到一座纪念碑吗？通过什么？"演讲者在其时而充满幽默、时而扣人心弦的集会演讲中描绘了他"可爱的同乡"、

---

① 恩格斯维斯（Engelswies）：德国巴登－符腾堡州的一处村庄。——译注
② 哥金根（Göggingen）：德国巴登－符腾堡州的一处村庄。——译注
③ 克雷门斯·玛利亚·豪夫鲍尔（Clemens Maria Hofbauer，1751—1820年）：维也纳的城市守护圣徒，被天主教会封为圣人。——译注
④ 应指卡尔·吕戈尔（Karl Lueger，1844—1910年），奥地利政治家，曾任维也纳市长。——译注
⑤ 艾格廷根（Eigeltingen）：德国巴登－符腾堡州的一个小镇。——译注

神父亚伯拉罕的一生,并且回答了这个问题。"对被钉上十字架者耶稣的爱是神父亚伯拉罕一生的事业。"这篇感情深邃、古朴粗犷的集会演讲在这句话中达至高潮。原始天主教的力量、信仰之坚定和神之爱在此发言。

必得了解克里汉斯腾的环境、深知豪贝格居民的思想和生活方式,才能完全理解神父亚伯拉罕殊有魅力的性格。

纪念碑创作者、雕塑家、西格玛林根人①马尔蒙(Marmon)出色地完成了任务。天才般的头部(会让人误以为像是老年歌德),让人在其高昂有型的额头背后猜度到那种深邃不竭的精神,这种精神显现为一种不屈不挠、风雨无阻的能量、一种永远搏动的行动要求。人民的灵魂和身体健康,这是真正使徒般的布道者之所求。[3] 他因此无畏地加入对于每一种俗世的、过于此岸化的生命理解的抨击。对于以往的"小丑"称号,文学史和文化史都已经另有看法。他那插科打诨的幽默、光芒四射的风趣、时常辛辣的反讽,形诸一种简明扼要、温顺柔软的语言,这只有在事实上基于一种富有艺术和创造性的演讲天才,才是可以理解的。圣经、教父、经院哲学家、神秘主义者和世俗作家,他都巧妙征引,和谐植入演讲当中,一旦了解这些,谁还会怀疑神父亚伯拉罕的神学 - 科学教养和学识呢?

我们这个外向文化和快速生活的时代,可得多多回顾性地前瞻!毁坏根基的革新狂热,疯狂地跳离生命和艺术更为深邃的灵魂内涵,盯着不断更替的瞬时刺激的现代生命感受,当今每一种艺术都身陷其中的时而令人窒息的沉闷气氛,所有这些要素都指向

---

① 西格玛林根(Sigmaringen):德国巴登 - 符腾堡州的一个较大的镇。——译注

一种颓废,指向对健康和生命之彼岸价值的一种可悲的离弃。

亚伯拉罕·阿·圣·克拉拉这一类型的人,潜移默化人民的心灵,我们必不可遗弃。愿他的著作流通更广,他的精神无待还原①也能发言,能在健康维系中、在急迫呐喊处、在人民心灵的重新救度中,成为一颗强有力的酵素。

---

① 此处"还原"原文为 Repristination,源于拉丁文 restituere in pristinum,意为"放入先前状态中去",我们权译为"还原"。在19世纪末20世纪初有一股被称为"还原神学"(Repristinationstheologie)的保守潮流,意在反拨现代的自由神学,后来发展为神学上的基要主义。——译注

2. 早期诗歌

临死的壮丽

欢笑的初秋,
开启的园门!
你那金黄,引我
在年轻－癫狂路上。

再一次问候
这临死的壮丽,
再一次漫游
黄昏黑夜之间。

你簌簌发响的树叶
在死亡中颤抖
在掉落中依然感到
临近的困迫。

你渴念的梦幻

在阳光贫乏之日

可会在荆棘中

寻觅疲倦的玫瑰？

奥尔堡时光

我生命中的奥尔堡时光：

你们常在怯懦畏缩

之晦暗光亮中

望我。

我哭着喊道：从未徒然。

我年轻的存在

已倦于控诉

只信赖天使的"宽宥"。

我们想要等待

春园门前

我们想要在聆听中等待，

等云雀飞升，

等歌声和琴弦，

等泉源呢喃，

和着牧群银白色的铃声

汇成欢乐的世界合响。

晚间漫步赖兴瑙岛上

一缕银光向着湖的方向逝去

流往遥远黑暗的湖畔，

夜

像一句轻声爱语

往倦了夏日、滴着夜露的园子落下。

从古老塔顶传来的最后一声鸟鸣

还被缠绕

在洒满白色月光的三角墙间——

明亮的夏日为我所创造的

如果实般沉沉地休憩——

从永恒

为我

载来远离感官的货物——

在一种伟大单纯之苍白荒漠中。

3. 生机勃发的风光：我们为何待在乡下？①

　　黑森林南部有一处山谷位于辽远的高处，在这山谷陡坡上，在1150米高处，有间狭小的滑雪屋。地基宽6米，长7米。低矮的屋檐遮盖着三间屋子：厨房、卧室和一间书房。飞檐高耸的农舍矗立在同样陡峭的对面山坡上，也零星散落在局促的谷底。牧场和草地沿坡而上，直入树林，林中的冷杉苍劲幽深、耸入云霄。位于这一切上方的是一片明朗的夏日天空，两只雄鹰在这灿烂的空间作大盘旋，扶摇而上。

　　这就是我的劳作世界——用造访者和避暑者的旁观(betrachtenden)之眼来看的样子。我自己其实从不旁观风景。我在四季轮回中体验其时时刻刻、日日夜夜的变化。山峰之凝重，原始山岩之坚实，冷杉树从容的生长，开花草地闪光而朴实的壮丽，山溪在辽阔的秋日夜晚潺潺流动，积雪的高原威严素朴，所有这一切通过山上的日常此在(das tägliche Dasein)相互交错、渗透，来回

---

　　① 本文标题 Schöpferische Landschaft 直译为"创造性的风光"或"创造性的风景"，但"创造"往往预设了主体，创造者或为人或为造物主，而这恰恰有违海德格尔的本意。他所看重的是乡村风光和乡村生活本身自然的勃勃生机，是既非人造，又非造物主安排的自发生长。故译为"生机勃发的风光"。——译注

摇荡。

　　这并不是什么人为意求的欢享沉醉、造作移情的瞬间，而只是自身此在位于其劳作之中。只有劳作才为这种山林的现实性敞开了空间。劳作的过程深植于风光之生发。

　　当狂野的暴风雪在深沉的冬夜左冲右撞，围庐怒号，遮掩锁闭了一切，这时正是哲学的高潮。哲学的追问这时必定变得单纯朴素而又直入本质。对每一种思想的钻研必定严厉而尖锐。打磨词语的辛劳就仿佛高耸的冷杉迎着风暴，屹立不倒。

　　而且哲学的劳作并非一个怪异之人的古怪之举。它内在地归属于农人的劳作之中。当年轻的农人沿坡向上拖曳沉重的角状雪橇，随即在雪橇上面高高垒起山毛榉木柴，然后控制着雪橇朝自家院子战战兢兢地向下沿坡滑行，当牧人迈着缓慢而若有所思的步伐，把他的家畜赶上山坡，当农人在自己的小屋把屋顶无数的木瓦修补成原先的样子，我的劳作与之并无不同。对农人的直接归属植根于此。城里人会以为，当他屈尊与一个农人促膝长谈，他就走到"人民群众中去了"。当我在晚间，在劳作间隙与农人一同坐在炉边长凳，或是坐在神龛角落的桌旁，我们通常什么也不说。我们只是默默地抽着自己的烟斗。当中间或有那么一两句话，比如林子里的伐木工作现在完成了，昨晚黄鼠狼闯进了鸡圈，明天一头牛可能要生小牛了，农人欧姆挨揍了，天气快要"变"了。我自己的工作对于黑森林及那地方人们的内在归属，来自于一种渊源数百年且无可替代的阿雷曼－施瓦本人的质朴品质（Bodenständigkeit）。

　　城里人顶多因为所谓的暂居乡间而"激动"一阵。而我全部的劳作都为这个山林农人的世界所承载和引导。现在,在那上面的劳作会因为下面的种种而被长时间打断,诸如各种协调、四处旅行报告、会谈和教学。可只要我一上山,回到木屋此在（Hüttendasein）,之前各种追问所组成的整个世界就会在第一时间翻涌上来,并且和我离开的时候一模一样。我一下子身陷劳作本身的节律之中,并且在根本上完全无法掌控其隐蔽的法则。城里人常常惊讶于山间农人漫长而单调的独处（Alleinsein）。可这并非独处,大体可谓孤寂（Einsamkeit）。在大都市中,人比在几乎任何其他地方,都更容易陷入孤独（allein）。尽管如此,人在那里却绝无可能孤寂。因为孤寂具有切己之力（ureigene Macht）,它不是将我们孤立①,而是将此在整体释放出来抛入（loswirft）万物本质辽远的近处。

在外面,人可以反掌之间通过报纸和杂志成为一个"名人"。可没有什么比这更容易使最为本己的意愿遭受误解,并彻底而快速地陷于遗忘了。

反之,农人的念想（Gedenken）具有一种简单确定、不打折扣的忠诚。最近,山上的一位农妇刚去世。她常常闲聊,并喜欢同我攀谈,在闲谈之间会挖掘出村里的各种往事。在她那形象有力的语言中还保存着许多古老的词语和一些格言,村里现在的年轻人已经听不懂这些了,还存活的语言也因此失去了这些词语和格言。还在去年的时候,在我独居木屋的几周里,这位83

---

① 此处"孤立"原文为 vereinzelt,字面意为"化作一个个人",或可译为"原子化"、"个体化"。——译注

岁高龄的农妇还常常爬上陡峭的山坡来找我。用她的话来说，她每次都想要来看看，我是不是还在，是不是被"某人"突然偷走了。去世的夜里，她在和亲属的交谈中度过。在生命终结前一个半小时，她还嘱咐亲属向"教授先生"问好。——这样一种念想远远高于一份有着世界影响的报刊对于我的所谓哲学的最机智"报道"。

城里的世界面临着堕入一种有害的错误执念的危险。一种非常热闹、非常忙碌、非常矫揉造作的执意殷勤似乎常常在关切农人的世界及农人此在。人们却恰恰由此否认了眼下唯一急迫之事：与农人此在保持距离，比以往任何时候都更加听任其自身的法则；住手——以免将其硬扯出来，成了文人对民俗和质朴民风（Bodenständigkeit）的胡说八道。农人不需要也不想要这种城里的殷勤。他需要也想要的，却是面对自身本质及其自主性时所持有的羞涩节奏。可许多城里的新来者和穿行者，尤其是那些滑雪者，如今在村子里或者在农舍中，常常表现得像是在他们那些大都市娱乐宫殿里"寻开心"。这种作为在一个晚上所捣毁的，远甚于几十年对于民俗民风的科学教导所能够促进的。

让我们抛弃所有高高在上的故作亲近和虚假的民俗风潮——让我们学习严肃对待山上那种单纯、坚韧的此在。而后它才会重又向我们说话。

最近我收到了柏林大学的第二次聘任。在这样一个时刻，我从城里抽身而退，归隐木屋。我倾听山林农舍之言。我去访问我的一位老朋友，一位75岁高龄的农人。他在报上读到了柏林大学的聘任。他会说些什么呢？他缓慢地将自己澄澈双眼中确定不移的目光移向我的目光,闭着紧绷的嘴,将他那忠诚而慎重的手放在我的肩上——微微地摇了摇头。言外之意:坚决不!

4．通向交谈之路

　　法国人和德国人，这两个相邻民族，为西方的历史－精神构造做出了最为本质性的贡献，却如此难以达成一种"相互理解"，这总是让我们惊讶不已。我们也同样经常地会遇到一种观点，即认定一种"相互理解"已经不再可能，还能追求的只是避免最极端的争执。然而，如果前一种惊讶和后一种认定之所以如此坚执不化，乃是因为它们都对此处的"相互理解"所唯一能够和必须有的意谓缺少理解的话，又该当如何？

　　民族间真正的相互理解只产生和实现于一点：即在创造性的交互对话中沉思那被历史性地给予和交付给它们的东西。在这样一种沉思中，各民族回到了各自的本己之物，并且更加鲜明和决断地将自己带入其中，站立其中。而一个民族最为本己之物是那种被指派给它的创造，一个民族藉此而超出自身，成长进入其历史使命，也只有如此，它才能回到自身。在目前的世界时刻，塑造着历史的西方各民族所承担的使命，其基本特征可被预先刻画为拯救西方。在此，拯救所意谓的并非正好仍旧现存者的单纯保存，而是在根本上意味着对其过往和将来历史的正当性证明。因此，相邻民族在其至为本己之物当中的自我理解意味着：将这种拯救的必然性理解为各自的本己使命。对这种必然性的理解首先源于困迫的经验，这种经验随着西方最内在的威胁而产生，也源于朝向西方此在的最高可能性而进行筹划的力量，这是一种具有神化之功的筹划。然而，西方所面临的威胁行将导致一种全然的去根基化和普遍的混乱，因此，革新的意志必得反其道而行之，必得从根本上由最终的决断来引导。

本真意义上的相互理解是一种超然的勇气，即敢于从一种具有支配性的必然性出发，承认他者向来的本己之物。历史上有创造性的相互理解从来不是一种怯懦的困窘，而是预设了各民族真正的骄傲。骄傲根本不同于虚荣，骄傲是一种生长出来的坚决，即坚决持守在自身本质性的品级当中，这种品级源于攫住它的那种使命。

然而，我们常常看到的只是非本真意义上的相互理解，对之抱以怀疑，并在诸种尝试中皆感失望。这并非偶然。因为非本真的相互理解只会带来一种暂时的约定，只是通过平衡眼前有效的诸种要求和成绩而达到的一种暂时的共识。这种彼此理解始终是肤浅的，充满了隐藏和公开的保留。此类相互理解在某些情形下是不可缺少的。它有其特定的用途。可它缺少真正的彼此理解所具有的历史性－创造性力量，真正的彼此理解会让理解者相互转变，会让他们更加靠近其最为本己之物，这种最为本己之物总是最为确实的，同时又是隐藏最深的。真正的彼此理解因此不是放弃自身，不是毫无姿态地巴结讨好，而是恰恰相反。真正的相互理解的另一个标志是，从不会错误地着眼于跟前的一项成绩、一个固定的结果。真正的彼此理解所带来的不是这种安慰，这种安慰会随即退化成双方的冷漠，而是出于对共同的历史使命的关切而一同投身于问题中去(Sich-in-die-Frage-Stellen),真正的彼此理解本是这样一种惶恐不安。

这样一种相互理解必须以不同的方式、不同的节奏发生在各民族所有的创造领域。它包括了对各民族至为朴素的日常此在的知识和尊重,也包括对其深渊性的、大多数情况下根本无法直接说出的根本姿态和基本情调的预感和把握。后者在一个民族伟大的诗歌、造型艺术和本质性思想(哲学)中获得了其规范形态和迷人力量。

然而,恰恰在这些领域,真正的彼此理解看来遭遇到了一种疑虑,这使得每一种寻求相互理解的努力从一开始就瘫痪了。在这些领域的彼此理解"在实践上"是毫无用处的。比如,双方对于各自哲学基本立场的沉思——即便成功了——也只保持为少数人的边缘事业。位于这种通常判断根底处的,不仅是对于相互理解之本质的一种不充分的观念,而且也是对于哲学本质的一种错误的、然而又极为流行的观念。

通常观念和"实践"思维在评价哲学时必然会犯错,并且一方面高估,另一方面又低估,这可算它们的特点。一旦人们期盼哲学带来一种直接有用的影响,那就高估哲学了。一旦人们在各种哲学概念中只是"抽象"(抽离而稀释)地重新发现了与事物合乎经验地交道中已然在手之物,那就低估哲学了。

可是,真正的哲学知识绝不跛足跟在至为普通的观念之后,就无需哲学也已熟知的存在者为之拾遗补缺,而是相反,哲学是先行跃入的知识,就事物永远重新自行遮蔽的本质开启新的问题领域和观点。正因为如此,这种知识永远没有直接的用处。哲学知识只能间接地发生影响,即只有当哲学沉思为一切行为和决断备好新的视轨与尺度,才能发生影响。哲学以这种方式预先支配着人类历史性此在的姿态和方式,隐匿于一切对于用处的追逐。哲学是对于事物本质的知识,这种知识直接而言是无用的,可同时又是具有支配性的。存在者的本质时刻都保持为最值得追问之物。只为了维护这个最值得追问之物的尊严,哲学不断地通过自身的追问而斗争,并且看似从不带来"成果",因此,对于追求计算、使用和可学习性的思维来说,哲学始终是陌生的。各门科学不断地、看似无法停顿地从事于一种"技术化"和"组织化"(例如国际会议的方式和角色),从而将其久已确定的道路走到尽头,另一方面,就公共形象而言,"科学"是"知识"的首席甚至唯一拥有者和代表,因此,正是在各门科学当中、通过各门科学,产生了对哲学的最尖锐的疏离,同时还自以为充分证明了哲学是可有可无的。

19　　如果在哲学的基本姿态上取得了一种真正的彼此理解,如果互相唤起了为此所需的力量和意志,支配性的知识就会提升至一个新的高度,获得一种新的明晰。一种起初看不出来、并且长时间不可见的各民族的转变,就在酝酿发生了。

在这方面,事实上尚有未被触及的可能性,对此就做这些简短的提示。存在者的两个互相争胜、互相侵蚀的领域是自然和历史。人本身是这两个领域此消彼长的发生地,同时也是其看守者、见证人和形塑者。数学思维在本质上参与影响了现代自然知识,尤其是影响了对自然的技术控制和利用。根本意义上的数学知识的奠基与预先计划,决定性地开端于法国思想家笛卡尔。德国人中最具德国风格的一位思想家,莱布尼茨,在其思想工作中持续不断地被一种与笛卡尔的争辩所引导。主要由这两位思想家所开启的对于(无机和有机)自然本质的沉思如今还远未终结,所以,首先必须得将这种沉思重新纳入更为本源的提问方式的根基中来。也只有通过这种方式,我们才能获得理解技术之形而上学本质的种种前提,并由此才能将技术作为一种存在者的组织形式展开于其诸种可能形态中的一种。对自然和自然知识的真理品格的根本追问就包含了一种与现代法国哲学开端的争辩。而在另一方面,在西方历史的进程中,一种对于历史本质的形而上学知识,首先通过德国观念论时代的诗人和思者才第一次萌发。几年来,法国的年轻力量认定要摆脱笛卡尔哲学的框架而获得解放,为此他们努力理解黑格尔、谢林和荷尔德林,对此何须惊讶?对于自然和历史之本质的多方沉思是必然的,只有对于西方所进入的历史时刻之唯一性难以进行测度者,才会误识这种必然性。

如果想要满足于外在地断定和界定法国思想有别于德国思想的各种现成特征,甚或从此出发开始一种"相互理解",那就从根本上误解了在一种真正哲思性的彼此理解中交付给各民族的沉思所该有的方式。如此做派永远只是绕开了对于有待决断的事务本身的各种本质性问题,并且首先是对最为困难的使命的一种回避:预备好一个各种问题之可决断和不可决断性的领域。

同样不能抱有这样的期待,即以为通过各门科学研究成果的交换,哲学上的提问方式和基本概念可以被相互采纳,并相应地得到补充。在哲学的提问方式和基本概念上,彼此理解也是并且首先是一种相互追问的斗争。只有争辩才将每一方置入各自最为本己的要素中去,前提是要鉴于西方日益迫近的去根基化提出和坚持这种争辩,而克服这种去根基化要求每一个有创造力的民族投入其中。

争辩的基本形式是创造者本身在一种近邻般的相遇中进行真正的对话。只有一种植根于此类交谈的文献,才能确定地继续开展彼此理解,并赋予这种自我理解以一种持久的印记。

当我们沉思西方"文化"可能的规模和尺度,我们立即会想起早期希腊的历史世界。同时我们又总是容易遗忘,希腊人并不是通过包藏在自身的"空间",而成为他们向来之所是。只有通过与最为陌生和困难之物——亚洲因素——的最为尖锐、可也富有创造性的争辩,这个民族才在短时间内成长、上升至其历时性的独特和伟大。

如果我们把两个相邻民族的历史性此在放到那种沉思的视野中去,这种沉思展开翅膀,思考一种对西方存在的基本架构的革新,那么其邻居关系才能在其最为遥远的范围开启出真正的空间。如果各民族想要踏入这个空间,而这也就是说,如果它们打算创造性地构造这一空间,那么内在的眼睛就必须看清真正的彼此理解所需要的各种基本条件。其中有两条是:长久的彼此倾听的意愿和对自身使命的藏而不露的勇气。前者让一个民族不致被欺骗,不致被一种不真实的相互理解所带来的浮泛结论所挫败。后者使得彼此理解者自我确信,而后才能对他人开放心胸。

5. 暗示

另一种思想

刚从幽暗的存有炉灶
取来最末的祝福灼热
当即点燃这回应：
神－人合一。

勇敢的澄明携有急迫
在那世界与大地之间
将这急迫抛作万物合响
向接缝层级致欢乐感激

超逾伟大和渺小的一跃
携带静谧消息
将这消息藏入词语
又遗失了那通往存有途中
闪现光亮的空无所得。

跳跃

取啊，抛啊，藏啊
从至为遥远的记忆
跳出来吧
跳向一片未被奠基的领域。

端到你面前来呀
这一个谁：
谁是人？

不停地说啊
这一个什么：
什么是存有？

绝不可轻忽呦
这一种如何：
它们如何相联？

人，真理，存有
从上升来回应
它们倾向于拒绝的本质，
它们就在此给予彼此。

大地

不曾受伤的

大地

温柔地绽放——

她无可阻挡的火焰

行将熊熊燃烧。

词语

在任何某物前,在彼时彼处之先

词语

无有,无处,从无,

出离深渊,

深渊给出一切根基所错失的

因为只有与所说相联

才将一切事物装备成物,

被追捕的意义们

纷乱疯癫之中

才又捉进一个意义,

不再四处空悬。

守护者们

许多人都听不见
那地底的暴风雨
滚滚向前
入于超越尘世的空间……
存有遥远的闪电

世界和大地久已混合
错乱在它们冲突的法则,
逃脱对万物的任何赋予。
数字喧嚣为空洞的量增
不再赠予形象和关联。

"生命"的情形亦是"存在"的情形,
而"生命"只还靠着惊呼存活,
一种喧嚣的意见在惊呼
又在意见之际推迟了下一个意见。

可是你们清醒
你们神秘的守护者们
你们守护一种尚未跃出的转变:
昏乱的制作中间
存有遥远的闪电

刺入造作之物的道道撕裂。

争执的法则

大地——
守护开端。

世界——
清醒合响。

世界——
感谢大地。

大地——
问候世界。

途中

我们不识目标
只是一条道路。

我们无需许多,

久已耗竭之物

无需渴求造作。

那还能带来
心灵倾听
存有寂静之音
和泥塑神龛中
狂暴纷乱的,

是我们的勇敢。

恳切

真理的本现①
从不单由一个真实之物
为辽远的存续
完好地承接,
邀约思想的心灵
入于单纯的忍耐
这忍耐属于

---

① Die Wesung 源于 Wesen,强调本质化的过程,权译为本现。——译注

高贵回忆的唯一慷慨

此-在

此-在该当道说存在①
　从存在担来困迫
　担向满是信条地仰望
　　之辽阔

此-在该当收回存在
　收入清醒的耳朵
　选取自身
　感谢静默

此-在该当歌唱存在
　从遥远的歌曲
　为存在带回
　长久作为权力
　回避其本质之物

---

① Seyn 在文中通译为存有,以区别于 Sein,只在这里为照顾韵律而译作存在。——译注

瞬间

悠扬的钟声
迷人地响彻你的心房……

温柔的音声
祝福着向你道说:你……

那选中你的东西而后令人心醉神迷
而你出神地跪倒在沼泽地

烛台

金色蜡烛之光闪亮,
燃烧褐色田野。

烛台
照亮早来的痛楚
诅咒数字和金钱

光和烛台
心依着心灵……
寂静的世界

从中发源。

夜

至静而纯

缀满星光

夜

带那唯一者给我，

几乎未曾有过思者

在你那儿期待地监察

这唯一者：

发生①

入存有的白天。

存有与思想

存有——乃思想之造作？

思想总是存有的发生②

---

① Ereigung 可据词根理解为本己化、成己的过程等等，可字面含义是事件的发生。在这句诗中首先要取字面义，于夜而言，那唯一者就是破晓入于白天。——译注
② 此处译为"发生"的原文也是 Ereignung，"在"原文为 Seyn。——译注

首先学会感恩——
而后你们方能思想

无有徒然
一切唯一

偶然

当存有自行
向人类的踪迹俯身
当根基突然
开敞为深渊……

当贫瘠处处
越过丛山
当自由落体
俯身开端

当解放到了高处
入于自由之思的欢欣
在这高处
没有数量没有拥挤
只有纯粹之思的羞怯

罕见地委身馈赠……

总已老旧，从无新生。

伴侣

将来者到来
被存有采用

它们冒险道说
存有真理：

存有是本有
本有是开端
开端是分解
分解是离别
离别是存有

知晓

然则我们知晓开端，
另一个开端，追问中知晓，

站立于先

先于一切是或否。

我们从来不是生而知之

一种寻觅载着我们

追问之中超逾我们

向着存有的澄明。

唯有这是决断：

是否会有朝一日，

存有

在出于纯然流转毁灭权力与无力之际，

将世界唤向大地

唤入无战的争执？

是否会有朝一日，

存有无视计算的技艺

将大地举向

和谐世界的魔法？

是否会有朝一日

存有

告诫没有功业的上帝

退入更遥远的滞留？

是否会有朝一日
存有
把寂静之时－空
作为变易的暂留之篱
赠予太初知晓之人？

太初，时间悄然靠近
最后之神的恳切。

《暗示》并非诗。亦非一种分成诗行、配上韵脚的"哲学"。《暗示》是一种思的话语，这种思只是部分地运用这种言说形式，却不能完全在其中得到表达。这种思在存在者当中找不到支撑，因为它思存有。这种思在所思之物中找不到范型，因为所思之物思考的乃是存在者。与诗的词语不同，思之道说无形无相。而且，在看似有一种形象的地方，并不是一篇诗作之所作，亦非一种"感官"之直观，而只是无形无相冒险做出尝试却没有成功之后的紧急抛锚。

存有之思惊异于"哲学"的终结。可对"哲人们"的反对并不肇端于对思者的友谊。

存有之思绝不会对真理形成冲击。反而有助于真理的本质。这种助益并不带来成功，而是助益之为单纯的此－在（Da-sein）。

思听从存有,为存有寻觅词语。

可如果人的语言存在于词语,那么它只存在于铅垂线上。一旦位于铅垂线上,隐蔽泉源的保障就在向它暗示。这些隐蔽的泉源乃是太初之近邻。存有之思是对语言-运用的操心。

6. 索福克勒斯的安提戈涅合唱[①]

阴森可怕之物众多，可没有什么
比人在出位之时惹起更深的阴森可怕。[②]
他冒着冬日南来的风暴
出港驶向汹涌的波涛
在怒开的浪花丛林中穿行。

即便诸神中之最崇高者，大地
这不朽不倦的呀，他也要去搅扰，
年复一年地拉着骡子来回犁地
彻底翻耕。

[①] 即索福克勒斯著名悲剧《安提戈涅》的第一合唱歌，全剧共有五首合唱歌。——译注

[②] 罗念生译为"奇异的事物虽然多，却没有一件比人更奇异"。参看《罗念生全集》第二卷，上海：上海人民出版社，2004年，第305页。希腊原文 τὰ δαινά 在"奇异"之外，既有"可怕"、"危险"之义，也有"可敬"之义，通常德译处理为"可怕"(Schrechen bereitet)，或像莱因哈特(Karl Reinhardt)那样处理成"阴森可怕"(das Unheimliche)，莱因哈特的这一处理与海德格尔相同。不同的是，海德格尔在译文中添加了 ragend[耸立、突出]，这一添加似乎并无希腊原文的根据，却符合整篇文字的内容，概源于海德格尔对剧本的理解，权译为"出位之时"，强调人对自然秩序的偏离。——译注

即便轻盈飞翔的鸟群
他也要诱捕
还要追猎海里森林里的兽群
用各种土办法
绞尽脑汁的人啊。
他用狡计制服了
夜宿群山四处漫游的野兽，
骏马鬃毛卷曲的颈项
还有桀骜不驯的公牛
都被他套上木轭关入枷锁。

他还找到门路倾听词语的合响
理解一切，如风之迅疾
他还觅得统治城邦的勇气。
即便如何躲避风霜雪雨的利箭
他也深思熟虑。

他四处漂泊，从未途穷路尽。
只有死亡，
是他唯一逃无可逃的迫近，
即便从恶疾中他曾幸运地巧妙逃脱。

可谓精明啊，因其机巧之造作，
足以应付意外的窥视，

一朝陷入凶恶,一朝复归正途。

他穿行在地上的律法和向诸神起誓的法权之间。

他若一再喜欢冒险,让不存在者存在

那高耸之地就必丧失。

谁若如此,

我亲密的人不会和他共享炉灶,

我的知识也将迥异于他的妄念。[①]

[①] 最后两节,海德格尔的译法、甚至断句都与通常译法有较大出入。罗念生译作:"在技巧方面他有发明的才能,想不到那样高明,这才能有时候使他走厄运,有时候使他走好运;只要他尊重地方的法令和他凭天神发誓要主持的正义,他的城邦便能耸立起来;如果他胆大妄为,犯了罪行,他就没有城邦了。我不愿这个为非作歹的人在我家做客,不愿我的思想和他的相同。"参看《罗念生全集》第二卷,上海:上海人民出版社,2004年,第305页。——译注

7. 对泰然任之的探讨[①]
——从一次关于思想的乡间路上的谈话而来

研究者

(F)

学者

(G)

老师

(L)

研究者：您最后断言，对人之本质的追问并不是对人的追问。

[①] 本文是海德格尔《乡间路上的谈话》(《全集》第77卷)中的第一个谈话 "Ἀγχιβασίη[接近]：一位研究者、一位学者和一位向导之间的一次乡间路上的谈话"的后面三分之一，文字上增删和改动(特别是结尾部分)。原谈话中的角色之一"向导"(der Weise)在本文中改为"老师"(Lehrer)。——译注

老师：我只是说，对人之本质的追问究竟是不是这样的情况，这种思索变得无法回避了。

研究者：不管怎样，说要找到人的本质，向来就得把人撇开，这一点无论如何是我无法理解的。

老师：这也是我无法理解的；因此我试图澄清，何以这一点是可能的，甚或也许是必然的。——

研究者：在无视人的情况下洞察人的本质！

老师：是的。如果说思想是人之本质的标志，那么，只有当我们的目光远离思想时，我们才可能真正地洞察这种本质的本质性，就是思想的本质。

学者：然而，以传统方式被把握为表象的思想乃是一种意愿（Wollen）；当康德把思想标识为自发性时，他也是这样来把握思想的。思想就是意愿，意愿就是思想。

研究者：那么，说思想的本质是某种不同于思想的东西，这个断言的意思就是：思想是某种不同于意愿的东西。

老师：因此，对于您的问题，即当我们沉思思想之本质时我到底想要什么,我也这样来回答您,就是:我意愿不－意愿。①

研究者:可在此期间,这个表达已经向我们表明自己是模棱两可的。

学者:一方面,不－意愿还意味着一种意愿,而且在其中起支配作用的是一种否定(Nein),甚至是一种针对意愿本身、拒绝意愿本身的否定。照此看来.不－意愿的意思就是蓄意地拒绝意愿。而另一方面,不－意愿这个表达还意味着根本在任何意志方式之外的那个东西。

研究者:所以,这个东西也决不能通过一种意愿而得到实行和完成。

老师:但也许,通过一种具有前面所谓不－意愿之方式的意愿,我们能更接近之。

学者:这么说来,您看到这种不－意愿与另一种不－意愿处于某种相互关系中。

老师:我不仅看到这种关系。恕我直言,自从我尝试思索推动我们

---

① 此句德语原文为:ich will das Nicht-Wollen,也可译为"我想要不－想要",甚至"我要不－要"。海德格尔的意思大概是:现代人已经失去了"不要、不意愿"的能力。——译注

的谈话的东西以来,我是被这种关系所招呼(angesprochen),甚至可以说被它所召唤(angerufen)。

研究者:如果我对一种不－意愿与另一种不－意愿的关系做如下规定,我是不是做了正确的推测:您意愿一种在拒绝意愿意义上的不－意愿,以便我们通过这种拒绝而能够投身于我们所寻求的思想之本质(这种思想并不是一种意愿),或者至少是为此做好准备。

老师:您推测得不光正确,而且我愿意说——如果诸神还没有逃离我们,诸神可以做证——您发现了某种本质性的东西。

学者:倘若我们当中竟有人可以给出赞美之词,而且,倘若这种赞美并不与我们谈话的风格相抵触,那么我现在就想说,您关于模棱两可的不－意愿的说法的解释,已经超越了我们,也超越了自己。

研究者:要是我成功地做到了这一点,那功劳并不在我,而在于此间已悄然来临的夜晚,夜晚并不动用强力而要求专心致志。

学者:夜晚放慢脚步,给我们沉思的时间。

老师:这就是为什么我们也还远离于人类之居住(Behausung)的缘故。

研究者:我越来越释然,相信那种毫不显眼的护送(Geleit),它在我们这次谈话中牵着我们的手,或者更准确地说,要求我们信守诺言。

学者:我们需要这种护送,因为谈话会变得越来越艰难。

老师:如果您所谓艰难是指非同寻常的东西,它存在于下面这一点,即:我们要戒除意志。

学者:您说的是意志,而不只是意愿……①

研究者:于是您就泰然任之地(gelassen)道出了一个令人激动的要求。

老师:只要我已经有了合适的泰然任之②,那么我就立即解除了上面讲的戒除。

学者:只消我们至少能够戒除意愿,我们就能参与促成泰然任之的觉醒。

---

① 此处"意志"(Wille)与"意愿"(Wollen)相类,字面上后者更具动词意义。——译注

② "泰然任之"(Gelassenheit)是海德格尔后期思想的基本词语。海德格尔通常把它表述为"对于物的泰然任之"(Gelassenheit zu Dingen),可见主要是指一种对于物的姿态。——译注

老师：或者毋宁说为泰然任之而保持清醒。

学者：为什么不是觉醒呢？

老师：因为我们不能从我们自己出发在自己身上唤醒泰然任之。

研究者：也就是说，泰然任之是由别的东西引发的。

老师：不是引发，而是允许（zulassen）。

学者：虽然我还不知道"泰然任之"一词的意思；但我能约略猜度，当我们的本质被允许，投身于那种并非一种意愿的东西时，泰然任之就觉醒了。

研究者：您不停地谈论一种"任让"（Lassen），以至于产生了一个印象，仿佛它指的是一种被动性。而我仍然自以为知道，这绝不是一种无力的让事物滑行和让事物活动。

学者：也许在泰然任之中隐藏着一种更高的行为，比世上一切行为和人类全部制作都更高的行为……

老师：只不过，这种更高的行为其实不是主动性。

研究者：照此看来，泰然任之处于——如果这里可以说一种"处于"

的话——主动性与被动性的区分之外……

学者:因为泰然任之不属于意志领域。

研究者:从意愿向泰然任之的过渡,在我看来是艰难的。

老师:尤其是在泰然任之的本质还对我们遮蔽着的时候。

学者:而且,这首先是由于,连泰然任之也只能在意志领域范围内才能得到思考,就像在早期思想大师那里发生的那样,比如在埃克哈特大师①那儿。

老师:从他那里依然可以学到很多好东西的。

学者:当然啰;但我们所谓的泰然任之,显然不是指摈弃罪恶的私欲,以及为了上帝的意志而放弃本己的意志②。

老师:不是,不是这个。

研究者:"泰然任之"一词不能指称什么,这对我来说在多个方面都

---

① 埃克哈特大师(Meister Eckhart,1260—1327 年):中世纪德国哲学家,德国新教、浪漫主义、唯心主义、存在主义的先驱,也是神秘主义的代表人物。著有《讲道集》、《神的安慰》等。——译注

② 此处"本己的意志"原文为 Eigenwille,日常德语中有"执拗、固执"之义。——译注

是清晰的。但同时,我越来越不知道我们在谈论什么。我们说到底是试图规定思想的本质。泰然任之与思想有何相干呢?

老师:如果我们按照传统的概念,把思想理解为一种表象,那么,泰然任之便与思想毫不相干。但也许,我们正在寻求的思想之本质已经被投入泰然任之中了。

研究者:以最佳的意愿,我也不能设想思想之本质了。

老师:因为恰恰这种最佳意志以及您的思想方式,即表象,妨碍了您。

研究者:那么我到底该怎么办呢?

学者:我也这样问自己。

老师:我们不该做什么,而是要等待。

学者:这是一种糟糕的安慰。

老师:不论好坏,我们也不该期待什么安慰——如若我们一味地沉湎于无安慰状态中,我们自己就还在期待什么安慰。

研究者:我们究竟该等待什么呢?我们该在哪里等待呢?我很快

就不再知道我在哪里和我是谁了。

老师：一旦我们放弃用什么来愚弄自己时，我们全体都不再知道这一点了。

学者：但我们总还有自己的路吧？

老师：当然啰。但由于我们过快地忘记了自己的路，我们便放弃了思想。

研究者：如果我们应该过渡和进入我们迄今为止未被经验的思想之本质中，我们还能思考什么呢？

老师：进入这种过渡唯一地得以发生出来的东西之中。

学者：照此看来，您并不想抛弃以往对思想之本质的解说？

老师：难道您忘了我在我们先前的谈话中关于革命所说的话吗？

研究者：在我看来，在这样的谈话中遗忘真的是一种特殊的危险。

学者：如果我理解得当，我们所谓的泰然任之，这个我们几乎不认识的东西，首要地不能以某种方式恰当地加以安顿的东西，我们现在应当把它放在与我们所讨论的思想之本质的联系中来加以看待。

老师：这正是我的意思。

研究者：最后我们想到了以先验的－境域性的表象为形态的思想。

学者：举例说来，这种表象把树之为树、壶之为壶、围巾之为围巾、石头之为石头、植物之为植物、动物之为动物作为那种前景（Aussicht）投置于我们面前——当站在我们面前的这一物具有树的外观，彼一物具有壶的外观，这一物具有围巾的外观，有些具有石头的外观，许多具有植物的外观，许多则具有动物的外观时，我们便能观入这种前景。

研究者：您在此再度描写的境域，是环绕着前景的视界。

老师：它超出了对象的外观。

学者：就如同超越性（Transzendenz）超过了对象之感知。

老师：因此我们通过超出和超过来规定所谓的境域和超越。

学者：超出和超过回过头来又关系到对象和对象之表象。

老师：因此，境域和超越是从对象和我们的表象出发而被经验的，而且仅仅着眼于对象和我们的表象而被规定的。

学者：您为什么要强调这一点呢？

老师：是为了提示，以这种方式，那种让境域成其所是的东西还绝对没有被经验。

研究者：在此断言中您想到什么？

老师：我们说，我们观入境域。所以视界是一个敞开域，它并非由于我们观入而有其敞开状态。

学者：同样地，我们也不能把提供出视界之前景的对象外观置入这一敞开域中……

研究者：相反，对象外观出于这一敞开域而迎向我们。

老师：因此，具有境域特性的东西，只不过是一个具有环绕作用的敞开域的朝向我们的那一面，这个敞开域充斥着对于外观的展望，即对于作为对象显现给我们的表象的东西的外观的展望。

研究者：所以，这种境域还是某种不同于境域的东西。但按照我们的讨论来看，这个不同的东西乃是它自身的不同者（das Andere），因而就是它所是的同一者（das Selbe）。您说境域是环绕着我们的敞开域(das Offene)。如果我们撇开敞开域也可能作为我们表象的境域而显现出来这一点,那么这个境域本身是什么呢?

老师:这个敞开域在我看来就像一个地带(Gegend),通过这一地带的魔力,归属于这一地带的一切都回归到它们静息之所。

学者:我是不是对您刚才所说的话有所理解了,我没把握呢。

老师:如果您用"理解"(verstehen)一词意指一种能力,后者能如此这般地表象被端呈出来的东西,即它仿佛被安置于熟知之物中了,并且由此得到了保障,那么,我也理解不了我刚才所说的话;因为我也没有熟知之物,可以让我去安排我试图就作为地带的敞开域来说的话。

研究者:在这里,这完全是不可能的,因为也许您所谓的地带本身就是首先允诺一切居所的东西。

老师:我有这方面的意思;但不仅于此。

学者:您说的是"一个"地带,在其中一切都向自身回归。严格讲来,一个对一切而言的地带不是与其他地带杂然并存的一个地带,而是一切地带的地带。

老师:您说得对;事关这个地带。

研究者：这个地带的魔力很可能就是其本质的支配作用，是成其地带者①——如果我可以这样命名的话。

学者：按照这个词来看，地带或许就是向我们迎面走来的东西；是的，关于境域我们也说过，从被境域所限定的前景中，对象之外观向我们迎面走来。如果我们现在从地带角度来把握境域，那么我们就可以把地带本身看作向我们迎面走来的东西。

老师：我们当然可以用这种方式来标识地带，恰如我们前面根据与我们的关系来标识境域一样，但我们实际上是在寻求那个环绕着我们的敞开域本身是什么。如果我们说这个敞开域就是地带，而且怀着上面指出的意图来说这一点，那么，这个词就必定命名着某种不同的东西。

研究者：此外，这种迎面走来其实绝不是地带的一个基本特征，更不是地带的唯一的特征。那么这个词意味着什么呢？

学者：更古老的形式叫"Gegnet"②，意指自由的浩瀚之境③。对于

---

　　① 此处"成其地带者"德语原文为 das Gegnende，可视为"地带"（Gegend）的动词形式。——译注

　　② 海德格尔在此使用的特殊词语 Gegnet 是 Gegend（地带）的中古高地德语形式，在一些南德方言中仍有使用。——译注

　　③ 此处"自由的浩瀚之境"德语原文为 freie Weite，也可译为"自由的辽阔"，英译本作 free expanse。参看海德格尔：《乡间路上的谈话》(*Country Path Conversations*)，英译本，布雷特·戴维斯（Bret W. Davis）译，印第安纳大学出版社，2010 年，第 73 页（以下简为"第 77 卷英译本"）。——译注

我们想称其为地带的东西的本质而言,可以从中推断出什么吗?

老师:就仿佛什么都没有发生(ereignen)似的,地带把每个事物之于每个事物,把一切之于一切,都相互聚集起来,使一切都在驻留于自身之际聚集入一种栖留(Verweilen)之中。地域化①乃是有所聚集的返回庇护(Zurückbergen),返回到在逗留之所(Weile)中的浩瀚驻留②。

学者:因此,地带本身同时是浩瀚之境和逗留之所。地带栖留于驻留的浩瀚之境中。地带扩展入自由地转向自身的东西的逗留之所。而且,鉴于这个词语的强调用法,我们此后也可以说"开放地域"③,而不用常见的名称"地带"(Gegend)。

老师:开放地域乃是栖留着的浩瀚之境,它在把一切聚集起来之际而开启自身,以至于在其中,敞开域被保持下来并且被屏住了,让每个事物都在其驻留中升起。

研究者:我相信我能看到这么多,即:开放地域与其说向我们迎面

---

① 此处"地域化"原文为 Gegnen,可视为作者这里重点思考的"开放地域"(Gegnet)的动词形式;第 77 卷英译本作 regioning,参看英译本,第 74 页。——译注

② 此处"浩瀚驻留"原文为 weites Beruhen;第 77 卷英译本作 expansive resting,参看英译本,第 74 页。——译注

③ 此处"开放地域"原文为 Gegnet,与"敞开域"(das Offene)、"境域"(das Horizont)等处于同一意义方向上;第 77 卷英译本作 open-region,参看英译本,第 74 页。——译注

走来,还不如说是自行退隐,逃避我们……

学者:以至于连在地带中显现的事物也不再具有对象之特征。

老师:它们不仅不再向我们迎面走来,而且根本就不再站立了。

研究者:那么它们是横放着,抑或它们是何情况呢?

老师:它们横放着;如果我们以此指的是在所谓驻留(Beruhen)一说中所讲的静息(Ruhen)的话。

研究者:但物在哪里静息,静息依据于何?

老师:物静息于回归中,即向其自身归属的浩瀚之境的逗留之所的回归。

学者:回归其实是一种运动,在此回归中竟可能有一种静止吗?

老师:完全可能的——如果静止是一切运动的策源地和支配的话。

研究者:我不得不承认,对于您现在讲的地带、浩瀚之境、逗留之所、回归和驻留等,对于所有这一切,我实在无法想象,无法把它们表象出来。

学者：这也许根本就是不能表象的——只要通过表象，每个事物就都成了在某个境域中与我们相对而立的对象。

研究者：那么，我们也不能真正地描写所命名的东西吗？

老师：不能。任何一种描写都必定会把所命名的东西对象性地展示出来。

学者：但它仍然能得到命名，并且在命名之际得到思考……

老师：如果思想不再是表象的话。

研究者：那么思想该是什么？

老师：也许恰恰在现在，我们才接近于此，才得以进入思想之本质中了……

学者：通过对思想之本质的等待。

老师：好吧，等待吧；但永远不要期望；因为期望已然系于一种表象，并且依附于被表象之物了。

学者：但等待却放弃了表象；或者我更多地不得不说：等待根本不参与表-象。等待根本上没有任何对象。

研究者：然而当我们等待时，我们总是在等待某物。

学者：确实如此；但一旦我们把我们等待的东西表象出来，并且把它带向持立，我们就不再等待了。

老师：在等待中我们让我们等待的东西保持敞开。

学者：为什么？

老师：因为等待投身于敞开域本身之中……

学者：进入遥远之浩瀚中……

老师：在遥远之切近中，等待找到了它持留于其中的逗留之所。

研究者：但持留（Bleiben）乃是一种回归。

学者：敞开域本身或许是我们能够纯粹地一味等待的东西。

研究者：但敞开域却是开放地域（Gegnet）……

老师：如果我们思考，我们便在等待之际投身于开放地域中。

研究者：于是思想或许就是对遥远的切近。

学者:这是我们这里分得的一个关于思想之本质的大胆规定。

研究者:我只是把我们刚刚命名的东西总结了一下,并没有在此表象出某个东西。

老师:但您已经想到了某个东西。

研究者:真正说来,宁可说等待了某个东西,而并不知道在等待什么。

学者:但何以您突然能够等待了呢?

研究者:就像我现在才能比较清晰地看到的那样,在我们的谈话中,我早就在等待思想之本质的到达了。但现在,等待本身对我来说已经变得更为清晰了,与此一体地是这样一点,即:也许我们全都在途中变得更能等待了。

老师:您能给我们说说何以如此吗?

研究者:如果我无须担当被您马上固定在某个词语上的风险的话,那我就乐意试一试。

老师:这其实不是我们谈话的习惯。

学者：我们更想关注我们在词语中自由地活动。

老师：因为词语从来不是表象某个东西，而是意指某个东西，也就是说，在显示某个东西之际使之栖留于它的可道说之物的浩瀚之境中。

研究者：我是要说，为什么我进入等待中了，以及一种关于思想之本质的解说是在哪个方向上达到我这里了。因为等待在没有表象某个东西的情况下进入敞开域中，所以我才尝试摆脱一切表象。因为敞开域之敞开者乃是开放地域，所以我才尝试在摆脱表象后，纯粹地仅仅托付给开放地域。

老师：所以，如果我猜得不错，您是尝试让自己投身于泰然任之。

研究者：坦白地说，我并没有特别地想到这一点，尽管此前我们谈论过泰然任之。我以上面提到的方式让自己进入等待中，乃更多地受到谈话进程的促动，而不是受关于个别对象之表象的促动。

学者：通过一种对自行介入的促动，我们才能进入泰然任之中，几乎没有比这更合适的了。

老师：首先是因为，个中动因还是如此不显眼，就像一次感动我们感动着我们的谈话的无声进程。

7. 对泰然任之的探讨

学者：这确实就意味着，它使我们上路了，而这条路看起来无非就是泰然任之本身……

老师：而泰然任之就类似于静止。

学者：由此我突然变得更清晰了，知道何以在路上的运动①来自静止，并且始终被允许进入静止中了。

老师：那么，泰然任之就不只是道路，而且是运动。②

学者：这条稀罕的道路伸展于何处？与之相应的运动在哪里静止？

老师：无非是在开放地域中，与之相关，泰然任之才成其所是。

研究者：那么，我现在就不得不最后返回来追问，究竟这在何种程度上是我试图让自己进入的这种泰然任之？

学者：您这个问题把我们带入一种糟糕的境况中了。

---

① 此处"在路上的运动"德语原文为 Be-wegung，从第 77 卷英译 movement on a way，参看英译本，第 77 页。——译注

② 此处"道路"（Weg）与"运动"（Bewegung）的关系，可联系海德格尔后期著作中所阐发的"开辟道路"（Be-wëgung）之说。特别参看海德格尔：《在通向语言的途中》，中译本，孙周兴译，北京：商务印书馆，2004 年，第 190 页以下。——译注

老师：那是我们在我们的道路上不断地已经遭遇到的窘境。

研究者：何以如此？

老师：因为我们总是用一个词语来取名的东西，从来就没有把相关的词语当作名称像一个招牌一样挂在自己身上。

研究者：我们所取名的东西首先是无名的；我们所谓的泰然任之也是如此。为了评估名称是否适当以及在多大程度上是适当的，我们要按什么来行事？

学者：或者面对无名之物，任何一种取名都是一种任意之举？

老师：但是，竟有无名之物，这一点难道是完全确定的吗？对我们来说，许多东西经常是不可言说的，但这其实只是因为我们没有想到它们所具有的名称。

学者：借助于何种取名呢？

老师：也许这些名称并非来自一种取名（Benennung）。它们归因于一种命名（Nennung），在此命名中，可命名之物、名称与被命名者同时发生。

研究者：您刚刚关于命名所说的话，于我是晦暗不明的。

学者：它必定与词语的本质相联系。

研究者：相反，您关于取名发表的评论，以及所谓不存在无名之物的说法，在我是更清晰了。

学者：因为我们可以在"泰然任之"这个名称上加以检验。

老师：或者说已经检验过了。

研究者：何以见得呢？

老师：被您取名为"泰然任之"的东西是什么？

研究者：请原谅，不是我使用这个名称，而是您。

老师：我也与您一样很少取名。

学者：那是谁呀？不是我们当中的什么人？

老师：也许吧；因为在我们逗留其中的地带中，只有在无人去取名之时，一切才最顺理成章。

研究者：一个谜一般的地带，里面没有什么东西是我们能解答的。

老师：因为这是词语的地带，只有词语才能解答自己。

学者：我们只能去倾听与词语相称的回答。

老师：这就够了；即使我们的道说（Sagen）只不过是对我们听到的回答的模仿之说①，那也够了……

研究者：而且完全无关乎人们是否首先以及谁做到这种模仿之说——尤其是因为经常不知道自己是模仿谁的道说来说的。

学者：所以我们不想争论是谁把"泰然任之"这个名称首先抛入谈话之中的；我们只想思量一下，我们如此这般命名的东西是什么。

研究者：从我提到的经验出发来讲，那就是等待。

老师：所以，不是某种无名的东西，而是一种已经被取名的东西。这种等待是什么呢？

研究者：只要它关系到敞开域（das Offene），而敞开域就是开放地域（die Gegnet），那么我们就可以说：等待是一种与开放地域的关系。

---

① 此处"模仿之说"原文为 Nachsagen，或可译为"照着说"。——译注

老师：只要等待自行投身于敞开地带之中，而且在这种自行投身中让开放地域纯粹地作为开放地域而起支配作用，那么，等待也许甚至是与开放地域的唯一关系。

学者：这样，一种与某物的关系因此就成了真实的关系——如果这种关系被它所对待的相关东西带入其本己的本质之中，并且被保持于其中的话。

老师：与开放地域的关系是等待。等待意味着：投身于开放地域之敞开域中①。

学者：也就是说：进入开放地域之中。

研究者：这话听起来，仿佛我们首先是在开放地域之外似的。

老师：我们是在它之外，但又不在它之外。我们不在开放地域之外，从来都不在，因为作为思想者，也即同时作为先验地表象着的思想者，我们逗留于超越性（Transzendenz）之境域中。但境域乃是开放地域朝向我们的表象的那一面。作为境域，开放地域环绕着我们，并且把自己显示给我们。

---

① 德语原文为：auf das Offene der Gegnet sich einlassen，或可译为：让进入开放地域之敞开域中。——译注

学者：我觉得，开放地域更多地倒是作为境域而掩蔽自己。

老师：没错。但当我们先验地表象着攀升入境域之中时，我们仍处身于开放地域中。而只要我们尚未让自己投身于作为开放地域本身之中，我们就又不在开放地域中。

研究者：但这是在等待中发生的事。

老师：正如您已经说过的，我们在等待之际已经被从与境域的先验关联中释放出来了。

研究者：这种释放乃是泰然任之的第一个要素，但它既没有切中、也没有根本穷尽泰然任之的本质。

学者：何以没有呢？

老师：因为在那种摆脱了境域性的超越性（Transzendenz）的被释放状态并没有必然走在前面的情况下，本真的泰然任之是可能发生的。

学者：如果本真的泰然任之应该是与开放地域相称的关系，而且这样一种关系纯粹取决于与它相关的东西，那么，本真的泰然任之就必定依据于开放地域，并且必定已经从中接受了向开放地域的运动。

老师：泰然任之来自开放地域，因为泰然任之就在于人通过开放地域本身向开放地域保持任让①。只要人源始地归属于开放地域，人在其本质中就任让于开放地域。只要人开端性地向着开放地域而被居有(ge-eignet)，而且是通过开放地域本身而被居有，那么，人就归属于开放地域。

学者：实际上，对某物的等待——假如这是一种本质性的、也即一种决定一切的等待——植根于这一事实，即我们归属于我们所等待的东西。

老师：出于等待经验，并且是出于对开放地域之自行开启的等待的经验，在与这样一种等待的关系中，这种等待才作为泰然任之而被招呼、被言说②。

学者：因此，关于对开放地域的等待的取名，就是一种相应的取名。

研究者：但现在，如果先验的－境域的表象（泰然任之基于对开放地域的归属，才把自己从中解脱出来）乃是迄今为止起支配作用的思想之本质，那么，在泰然任之中，思想便从这样一种表象转变为对开放地域的等待。

---

① 此处"任让"原文为 gelassen，意为"镇静的、冷静的、泰然的"，是名词"泰然任之"(Gelassenheit)的形容词。——译注
② 此处"被招呼、被言说"德语原文为 an-gesprochen。——译注

老师：但这种等待的本质却是对开放地域的泰然任之。可是，因为正是开放地域向来让泰然任之居于自身、从而归属于自身，所以，思想的本质乃在于，开放地域让泰然任之于自身中——如果可以这样说的话——域化①。

学者：思想是向着开放地域的泰然任之，因为思想的本质依据于泰然任之的域化②。

老师：但您这是说，思想的本质并非从思想而来，也即并不是从等待之为等待而来得到规定的，而是从它本身的他者即从开放地域中得到规定——开放地域由于域化而成其本质。

研究者：我们现在关于泰然任之、开放地域和域化所说的一切，我在某种程度上都是能理解的；但我对此仍然无法设想什么。

学者：如果您按其本质来思所说的话，您也不会设想什么。

研究者：您的意思是指，我们依照转换了的思想之本质而等待之。

学者：也就是等待开放地域之域化，以至这种域化让我们的本质进

---

① 此处动词"域化"原文为 vergegnen，或可译为"成其为地域"。第 77 卷英译本作 enregioning，参看英译本，第 80 页。——译注

② 此处名词"域化"原文为 Vergegnis（对应动词 vergegnen），为作者所生造。在下文中，作者进而把它与"物化"（Bedingnis）相对应。——译注

入开放地域中,也即进入对开放地域的归属中。

老师:但如果我们已经向着开放地域而被居有,那又如何呢?

研究者:如果我们实际上并没有真正被居有,这对我们有何助益呢?

学者:所以我们既这样又不是这样①。

研究者:这就又成了在是与不是之间的这种不停的来回往复。

学者:我们仿佛悬于两者之间。

老师:但在这个之间(Zwischen)逗留其实就是等待。

学者:这是泰然任之的本质,开放地域的地域化把人域化入泰然任之。我们猜度,思想的本质就是这种泰然任之。

老师:为了再次如此迅速地把它忘掉。

研究者:我自己却是把泰然任之经验为等待的。

---

① 应指:我们既被居有又没有被居有。——译注

老师：我们要来思考一下，思想绝不是独自持存的泰然任之。对于开放地域的泰然任之只有作为泰然任之的域化（Vergegnis）才是思想——这种域化已经让泰然任之进入开放地域中了。

学者：但现在，开放地域也使物栖留入浩瀚之境的逗留之所中。我们该如何来为与物相关的开放地域的地域化（Gegnen）取名呢？

研究者：说到底它也许不能被取名为域化（Vergegnis），因为这种域化乃是开放地域与泰然任之的关联，而泰然任之据说是要把思想之本质庇藏于自身中，而且物本身并不思想。

老师：物显然是通过开放地域之地域化而成为物的，就像我们前面通过壶在开放地域的浩瀚之境中的栖留所表明的那样。只不过，开放地域之地域化并没有引发和导致物，一如开放地域并没有导致泰然任之。在域化（Vergegnen）中，开放地域也不是泰然任之的境域；哪怕我们仅仅把物经验为对象，或者把它们意指为加到对象上被表象的"自在之物"①，开放地域也不是物的境域；

学者：您现在所说的话在我看来是如此关键，以至于我想尝试用高深学术性的术语来抓住所说的东西；我当然知道，术语不仅让思想僵固，而且与常用术语无可避免地带有歧义性相应，术语同时又使思想变成充满歧义的。

----

① "自在之物"（Ding an sich）也译为"物自体"。——译注

老师：有了这种学术性的保留，您可以静静地以学术方式说话了。

学者：按照您的解释，开放地域与泰然任之的关系既不是一种因果联系，也不是境域性的－先验的关系。更简明地和更一般地讲：开放地域与泰然任之之间的关系，要是它毕竟还是一种关系的话，既不能被看作存在者状态上的关系，也不能被思考为存在学上的关系①……

老师：而只能被思为域化（Vergegnis）。

研究者：而类似地，开放地域与物之间的关系同样既不是一种因果联系，也不是先验的－境域性的关系，因此同样既不是存在者状态上的，也不是存在学上的关系。

学者：但显然，开放地域与物的关联也不是与人的本质相关的域化。

老师：如果开放地域让物逗留于作为物的它自身中，那么我们该如何为开放地域与物的关联取名呢？

---

① 此句中的"存在者状态上的"（ontisch）与"存在学上的"（ontologisch，又被译为"存在论上的"）是海德格尔在前期哲学中已经形成的区分，主要可参看海德格尔：《存在与时间》、《论根据的本质》等前期文本。——译注

研究者：开放地域把物物化①为物。

学者：所以最好叫物化（Bedingnis）。

研究者：但物化（Bedingen）并非制作和招致；也不是先验之物意义上的使……成为可能……

老师：而只是物化。

研究者：所以我们首先须学会思考什么是物化……

老师：通过学会经验思想的本质……

学者：因此去等待物化与域化。

研究者：然而，即使在现在，为了对所列举的多样关系有某种清晰的把握，上面的取名也已经是一种帮助。诚然，依然不确定的恰恰是那些关系，对它们的刻画是我最关心的。我指的是人对物的关系。

---

① 此处译为"物化"的动词 bedingen 有"制约、以……为条件"与"引发、造成"两个含义，但这里的用法应取字面义，我们参照英译本，把它译为"物化"（bething）。下文的名词 Bedingnis 也被我们译为"物化"。——译注

学者：您为何如此固执地念着这种关系呢？

研究者：我们前面谈话的出发点就是，从物理思维与自然的事实关系出发，来探讨自我与对象之间的关系。自我与对象之间的关系，经常被称为主体－客体关系，我认为是最普遍的关系，显然只是人与物的关系的一个历史性变种，因为物可能变成对象……

老师：甚至在物获得自己的物本质（Dingwesen）之前，物也已经变成对象了。

学者：相应的人之本质向自我性（Ichheit）的历史性转变也一样……

老师：在人的本质可能向自身回归之前，这种转变同样已经发生了……

研究者：如果我们并没有把人之本质烙印为 animal rationale［理性动物］的过程看作终极的有效的……

学者：按照我们今天的谈话，这几乎是不再可能的。

研究者：如此匆忙地决定此事，对此我不无犹豫。很可能与之相反，我弄清楚了另一点：在自我与对象的关系中隐藏着某种历史性的东西，某种归属于人之本质历史的历史性的东西。

老师：而且，只要人的本质不是从人那里，而是从我们所谓的开放地域及其域化中获得其印记的，那么，您所预感到的历史就作为开放地域之历史而发生。

研究者：我还不能跟您一道思得这么远。要是我对自我与对象之间的关系的历史性特征的洞见能够消除掉一种不清晰性，我就满足了。因为当我赞同数学自然科学的分析的方法论方面时，您曾经说过，这种考察是一种历史学的考察。

学者：您对这句话做了强烈的辩驳。

研究者：现在我明白了这句话的意思。数学筹划与实验建基于作为自我的人与作为对象的物的关系之中。

老师：它们甚至参与构成了这种关系，把它的历史性本质展开出来了。

研究者：如果每一种指向历史性的东西的考察都堪称历史学的考察，那么实际上，物理学的方法分析就是一种历史学的分析。

学者：在此，历史学[①]概念指的是一种认识方式，是广义地被把

[①] 此处"历史学"原文为 das Historische，意为"历史学的历史"。前面也把 historisch 译为"历史学的"。——译注

握的。

老师：也许是在本真历史性的方向上,本真历史性的东西并不在于世界的既定事实和行为。

学者：也不在于人类的文化成就中。

研究者：但不然它在哪里呢?

老师：历史性的东西处于开放地域中,处于作为开放地域而发生的东西中,开放地域在把自己派送给人之际使人进入其本质之中而域化。

学者：可是,假如人的本质尚未在动物的理性中得到实现,则我们几乎就没有经验到这种本质。

研究者：在这种情形下,我们就只能等待人的本质。

老师：在泰然任之中——通过泰然任之,我们归属于那依然遮蔽着其本己本质的开放地域。

学者：对于开放地域的泰然任之,我们把它预感为所寻求的思想之本质。

老师：如果我们自己投身于对于开放地域的泰然任之，那么我们就想要不‑意愿。

研究者：实际上，作为对先验表象的解脱，泰然任之是一种对境域之意愿的撇开。这种撇开（Absehen）也不再起于一种意愿，除非为了引发向开放地域之归属状态的自行投身而需要有一种意愿之痕迹，而这种痕迹已经消失于自行投身，尤其是在本真的泰然任之中熄灭了。

学者：但泰然任之何以与这样一个并非一种意愿的东西相关呢？

老师：根据我们关于逗留着的浩瀚之境的栖留、返回中的让驻留、开放地域之地域化（Gegnen）所说的一切，开放地域是难以被称为意志的。

学者：开放地域之域化（Vergegnis），同样还有物化（Bedingnis），本质上是排斥一切作用和引发的，这一点已然表明，它们多么确实地与一切意志本质格格不入。

老师：因为任何一种意志都想要作用，想要现实作为它的元素。

研究者：现在，一个听过我们说这些话的人，是多么容易落入这样一个想法，即以为泰然任之漂浮于非现实之物中，因而漂浮于虚无，本身没有任何活力，是一种毫无意愿的对一切的放任，根本上是对求生意志的否定!

学者:那么,您认为有必要通过表明在泰然任之中也有某种像活力和决心这样的东西在起支配作用,以此来对付上面讲的这种对泰然任之的可能怀疑,是不是?

研究者:我是这么想的,尽管我不否认,所有这些名目会立即把泰然任之曲解为意志式的东西。

学者:那么,举例说来,人们就必须这样来思考"决心"一词,犹如它在《存在与时间》中被思考的那样:作为特别地被接受的此在对于敞开域的自行开启……

老师:这就是我们所思的开放地域。

学者:如果我们按照希腊人的道说与思想,把真理之本质经验为无蔽和解蔽,那么我们便会回想到,开放地域也许是真理的隐蔽地本质现身的东西。

研究者:那么,思想的本质,也即对于开放地域的泰然任之,或许就是对于本质性地现身的真理的决心。

老师:在泰然任之中可能隐蔽着一种持久耐力(Ausdauer),这种持久耐力纯粹在于,泰然任之向来越来越纯粹地觉察到自己的本质,并且在坚持之际置身于其本质之中。

学者:这或许就是一种行为,它没有狂妄地把自己变成一种姿态,而是聚集于抑制状态中,①后者始终是泰然任之的抑制状态。

老师:如此这般抑制地坚持的泰然任之,或许是开放地域之域化的接纳和受孕(Empfängnis)。

研究者:泰然任之借以驻留于其本质中的抑制的持久耐力,或许是能够与最高意愿相应合、但不可以与之应合的东西。对于泰然任之的这种在自身中驻留来说,这种驻留恰恰让泰然任之归属于开放地域之域化……

老师:而且以某种方式也让泰然任之归属于物化……

研究者:对于这样一种驻留于自身的对开放地域的归属的持久耐力,我们还缺乏词语。

学者:也许"内立性"②一词可以略作命名。有一次我在一位朋友那里读到他抄在某个地方的几行诗。这几行诗包含着关于这个词

---

① 注意此句中的"行为"(Verhalten)、"姿态"(Haltung)和"抑制状态"(Verhaltenheit)三者之间的词根联系,三者均以 halt(持/保持)为词根。——译注
② 此处"内立性"(Inständigkeit)为字面译法。此词也有"恳请"之义。——译注

语的解释。我记住了这几行诗。原文如下：

内立性

> 决没有一个真实之物
> 独自完好地接受
> 真理之本现
> 为了浩瀚的持存，
> 预约运思的心灵吧
> 进入质朴的忍耐和宽宏
> 高贵的回忆
> 唯一慷慨大度之宽宏。

老师：照此看来，在对于开放地域的泰然任之中的内立性就是思想之自发性的真正本质。

学者：而且根据上面引用的诗句，思想就是思念（*Andenken*），与高贵相亲近。

老师：对于开放地域的泰然任之的内立性便是高贵之宽宏（Edel-mut）本身。

研究者：我觉得，这个难以想象的夜晚把您们两位引诱成狂想者了。

老师：是的，如果您指的是等待中的狂想，由此我们将变得更能等待，也更清醒。

学者：表面上越贫困者，实际上却越是富于偶然性（Zu-fall）。

研究者：那么请您说说——哪怕是用您少见的清醒——泰然任之何以可能与高贵结缘？

学者：有渊源者是高贵的。

老师：不光是有渊源，而且栖留于其本质的渊源中。

研究者：本真的泰然任之其实只在于，人在其本质中归属于开放地域，也就是泰然于开放地域。

学者：不是偶尔地，而是——我们该怎么说呢——自始就。

研究者：预先，真正说来我们不能朝向这个预先来思考……

老师：因为思想的本质是从那里开始的。

研究者：也就是在不可预思的东西（Unvordenkliches）中，人之本质泰然任之于开放地域。

学者：为什么我们也立即补充说：而且是通过开放地域本身。

老师：开放地域把人的本质归本（vereignen）于它本己的地域化（Gegnen）。

研究者：于是我们就解释了泰然任之；但我马上就发觉，我们也放弃了思考，到底为什么人的本质被归本于开放地域了？

学者：显然，人的本质之所以被泰然任之于开放地域，是因为这种本质如此本质地归属于开放地域，以至于若没有人之本质，开放地域就不可能如其本现的那样成其本质。①

研究者：这一点几乎不可思议。

老师：这一点根本就是不可思议的，只要我们想要表象这一点，也就是说，粗暴地把它当作一种对象性地现成的关系，即被称为"人"的对象与被称为"开放地域"的对象之间的关系，带到我们面前来。

研究者：可能罢。但即便我们注意到这一点，在这个关于人之本质与开放地域的本质关系的命题中，不是还留下了一个不可逾越的困难吗？我们现在把开放地域标识为真理的遮蔽本质。如果为简

---

① 此句中的"本现"和"成其本质"原文都是 wesen，故也可译为"如其本现的那样本现"。——译注

约起见,我们不说开放地域而说真理,那么,这个关于开放地域与人之本质之间关系的命题说的就是:人之本质被转让给真理了,因为真理需要人。但这不就是真理的标志性特征吗?——而且恰恰着眼于真理与人的关系,即真理不依赖于人而成其所是?

学者:我认为,您在此切中了一个决定性的困难,诚然,只有当我们特别地解释了真理的本质,并且更清晰地规定了人的本质时,我们才可能探讨这个困难。

老师:我们只还在通向这两种本质规定的路上;但我仍然想试试,来限定这个关于真理与人的关系的命题,以便更清晰地表明,如果我们要专门思考一下这种关系,那我们必须思索什么。

研究者:所以,您就此想说的话首先只是一个断言。

老师:的确如此;而且我以为:人的本质被泰然任之地带入开放地域中,并且据此为开放地域所需要,只是因为人独自对真理做不了什么,真理并不依赖于人。真理之所以能不依赖于人而本现,只是因为人的本质作为对开放地域的泰然任之,被开放地域所需要,被用于域化(Vergegnis)和物化(Bedingnis)。真理对于人的独立性其实是一种与人之本质的关系,这种关系基于把人之本质带入开放地域的域化(Vergegnis)。

学者:倘若如此,那么,人作为在对于开放地域的泰然任之中的内立者,便逗留于其本质的来源中,我们因此可以对这种本质做如下限定:人是进入真理之本质中的被需要者。如此这般逗留于来源中,人便为其本质的高贵所要求。人猜度到了高贵之宽宏(das Edelmütige)。

研究者:这种猜度很可能无异于等待,就是我们思之为泰然任之的内立性的等待。

学者:而且,倘若开放地域是栖留着的浩瀚之境,那么,忍耐和宽宏(Langmut)或许就最浩瀚,它还能猜度到逗留之所本身的浩瀚之境,因为它能最长久地等待。

老师:而且,忍耐的高贵之宽宏(Edelmut)就是那种意愿的纯粹的安居于自身,这种安居在拒绝意愿之际投身于并非一种意志的东西中。

学者:高贵之宽宏就是思想之本质,因而也是感恩之本质。

老师:那种感恩并非首先为了某个东西而致谢,而只是感谢它能感谢。

学者:以这种思想之本质,我们找到了我们要寻求的东西。

研究者:假定我们找到了那个东西,看起来,我们的谈话所说的一切其实都基于这个东西。那就是开放地域的本质。

老师:因为这只是假定的,所以正如您也许已经注意到的,我们也说,很久以来一切都只是以假定的方式。

研究者:我仍然再也不得不承认,在我觉得开放地域本身比以前显得更遥远时,开放地域之本质是更切近于我们了。

学者:您的意思是说,您在开放地域之本质的切近处,但又远离开放地域本身?

研究者:然而,开放地域本身与开放地域之本质不可能是两个不同的物吧——如果这里竟可以谈论物的话。

学者:开放地域本身也许就是开放地域之本质和它本身的同一者。

老师:那么,在我们在交谈时的经验也许可以这样来表述自己,即:只要我们是思想者,我们便进入开放地域①之切近处,但同时由于这种切近而保持远离于开放地域,不过,这种保持同时也是一种回归(Rückkehr),投身于泰然任之意义上的回归。

---

① 此处"开放地域"(Gegnet)在本谈话全本《海德格尔全集》第77卷(《乡间路上的谈话》)中用的是"世界"(Welt)。下文亦然。——译注

学者：那么，以您的说法，就只有等待的本质才堪称思想之本质，而思想如此这般地把自身揭示为思念（Andenken）。

研究者：但切近与遥远的情形如何？——在其中，开放地域得以澄明自身和掩蔽自身，得以切近和疏远。

学者：这种切近和遥远不可能成为开放地域之外的什么。

老师：因为开放地域在把一切地域化之际把一切都相互聚集起来，让一切回归自身而进入本己的在同一者中的安居。

研究者：那么，开放地域本身就是切近者和远离者了。

学者：开放地域本身是遥远之切近和切近之遥远……

研究者：我们在此不可辩证地来思考这个说法……

老师：而是？

研究者：要根据唯一地从开放地域出发被规定的思想的本质。

学者：也就是等待着，内立于泰然任之中。

老师：但如果开放地域就是遥远之切近，那么，思想的本质是什么呢？

学者：这可能不再是用一个独一的词语能道说的了。不过，我知道一个词，不久前我还觉得它是合适的，可以用来适当地命名思想的本质，因而也包括认识的本质。

研究者：我很想听听这个词呢。

学者：这是我在我们的第一次谈话中已经想到的词。当我在今天谈话开头时表示，我把一种珍贵的激发归功于我们的第一次乡间路上的谈话，这时候，我也是指这个想法。在今天的谈话过程中，我也经常想脱口而出，说出这个词了。但每一次我都觉得不太适合于用来表示作为思想之本质接近于我们的东西。

研究者：您把自己的想法搞成一种神秘，就仿佛您不想过早地透露某种自我发现似的。

学者：我想到的这个词并不是我自己发现的；只不过，这是一个深奥的想法。

研究者：也就是一个历史学上的回忆啰？——如果允许我这样说的话。

学者：如果您愿意这样说的话。您对我们今天谈话的风格的适应也是蛮好的,在我们的谈话过程中,我们经常会插入一些源自希腊思想的词语和句子。但现在,这个词语不再适合于我们试图用独一词语来命名的东西。

老师:那就是思想的本质,思想作为内立的对于世界之世界化的泰然任之,承载着那种关系,即使人得以在遥远之切近中栖居的关系。

研究者:即便您想到的这个词现在不再适合了,您也可以在我们的谈话快要结束时向我们透露一下嘛;因为我们又靠近住处了,总归要中断谈话了。

老师:现在不再贴切的词语,先前对您来说是重要的,是珍贵的激发,它也可能会使我们弄清楚,我们此间已经来到某种不可道说的东西面前了。

学者:这是赫拉克利特的一个词。

研究者:您从哪个流传下来的残篇中引来这个词的?

学者:这个词对我来说是突如其来的,因为它就是孤零零在那儿。72 这个词并非来自一个残篇。作为唯一的一个词语,它本身构成一个残篇,被计为残篇第一百二十二。

研究者：我不知道赫拉克利特这个最短的残篇。

学者：它通常也根本不受关注，因为对孤零零一个词，人们干不了什么。

研究者：这个残篇是怎么说的？

学者：Ἀγχιβασίη。[①]

研究者：此词意味着什么？

学者：人们用德语的"接近"（Herangehen）来翻译这个希腊词语。

研究者：我认为，这个词语是一个出色的名称，可以用来表示认识的本质；因为其中确切地表达了向着对象前行和接近于对象的特征。

学者：我也觉得是这样。因此，当我们在第一次谈话中谈论行为、成效、工作以及在现代研究中的投入精神时，我也有了这种想法。

研究者：为了弄清楚自然科学的研究犹如一种对自然的攻击，这种

---

① 参看赫拉克利特残篇第122。参看海尔曼·第尔斯（编）：《前苏格拉底思想家残篇》(*Die Fragmente der Vorsokratiker*)，第1卷，苏黎世，1996年，第178页。该残篇的德译文为：Annäherung（接近）。——译注

攻击仍然使自然开口说话,人们或许可以径直使用这个希腊词语。'Αγχιβασίη,即"接近":我或许可以把赫拉克利特的这个词语当作一篇有关现代科学之本质的论文的主导词语。

学者:因此,我现在也犹豫还要不要说出这个词语;因为它完全没有切中我们今天在途中猜测的那种思想的本质。

研究者:因为我们谈论的等待其实差不多是与接近相反的运动。

学者:且不说与接近相反的静止。

老师:或者干脆就说宁静(Ruhe)。但这就已经确定'Αγχιβασίη意味着接近吗?

学者:字面上翻译,其意思是:"走近"(Nahegehen)。

老师:也许我们也可能想到:进入切近之中(In-die-Nähe-gehen)。

研究者:您是在字面上把它理解为:让自身进入切近之中[①]?

老师:大致如此。

[①] 德语原文为:In-die-Nähe-hinein-sich-lassen,第77卷英译本作 letting-oneself-into-nearness,参看英译本,第102页。——译注

学者：那么，这个词或许就是表示我们所寻找的东西的名称，也许是最美的一个名称。

老师：我们依然还在其本质中寻求的东西。

学者：Ἀγχιβασίη："进入切近之中"。我现在觉得，这个词或许更能用来表示我们今天在乡间路上的行程的名称。

老师：它伴随我们深入夜晚……

研究者：夜晚发出越来越绚丽的光……

学者：连星星也惊叹不已……

老师：因为夜晚使天空中遥远的星星彼此接近……

研究者：至少在天真的观察者的想法中，对精确的研究者却不然。

老师：对于人类中的孩童来说，夜晚仍旧是星星的织女。①

学者：它把各种光明结合在一起，无缝无边无线。

---

① 此处"织女"（die Näherin）在字面上也可解为"切近者"，可与动词 nähern（接近）相关。——译注

研究者:夜晚是织女。它只劳作于切近。

学者:如果它向来劳作而不是静息……

老师:因为它惊讶(erstaunen)于高空之深邃。

学者:因而惊讶或许能开启出锁闭之物?

研究者:以等待的方式……

老师:如果那是一种泰然的^①等待……

学者:并且人之本质始终被居有^②于那里……

老师:我们由之而来(woher)受到了召唤。

---

① 此处"泰然的"德语原文为 gelassen，应联系于名语"泰然任之"(Gelassenheit)。——译注

② 此处"居有"德语原文为 eignen，在第 77 卷中为"归本"(vereignen)。——译注

8. 从思想的经验而来[①]

在高高的冷杉林中穿行……

道路和掂量，
阶梯和道说
相逢于一种行进。

无碍无顾
走你的孤独之路
去担当追问和缺席。

[①] 译文参考英文文集，马丁·海德格尔：《诗·语言·思》(*Poetry, Language, Thought*)，Trans. by Albert Hofstadter，New York，1971。——译注

当晨曦静穆地吐展于群山之巅……

世界黑夜从未通达
存有之光①。

吾人迟暮,未蒙神之恩泽,
吾人早出,难及存有之光。
方兴未艾,存有之诗是人。

迎向一颗星辰……

思想乃幽闭于独一之思,
遂有一日静息
如星辰悬于世界天穹。

---

① 此处"存有之光"(das Licht des Seyns)中的"存有"(Seyn)是"存在"(Sein)的古德语写法。——译注

小小风车在木屋窗外歌唱，于暴风雨之积聚中……

当思想之勇气发源于存有的
鼓舞，①于是天命之语言蓬勃。

一旦吾人眼观于物，心听于词，
于是思想之成就赫然发达。

思想之事情大相径庭于科学对象
——鲜有人与闻于此。

如若于思想中已有敌人公然在焉
且不可睥睨之对手，于是
思想之事情益发昌盛。

---

① 译文未充分显明此处"勇气"（Mut）与"鼓舞"（Zumutung，日常意义为"苛求"）之间的字面和意义联系。——译注

一缕阳光蓦然穿过天际雨云的罅隙, 78
游移于阴朦的草地上……

吾人一向未达思想畛域。
思想走向吾人。

对话之良机到了。

对话激励吾人去向志趣相映之沉思。
远非雄辩炫耀,远非谄媚苟同。
思之帆坚定不移
顺应于事情之风。

自这一番志趣相映,或有少数旅人
幸获提升,入于思想之手艺。
不期而至,将有大师成就其中。

79　　　　　　初夏孤独的水仙在草地上幽然开放，
　　　　　　　石间玫瑰在槭树下闪烁吐艳……

　　　　　　　　多么光彩夺目之质朴。

　　　　　　　　唯塑成形象方才可见。
　　　　　　　　而形象之塑成依托于诗歌。

　　　　　　　　若吾人要规避悲哀，
　　　　　　　　快乐如何涌入吾人心灵？

　　　　　　　　痛苦秉有疗效之力，
　　　　　　　　在吾人对之毫无猜想之处。

山风时强时弱,隆响于木屋之椽,

恶劣天气即将来临……

三大危险趋迫思想。

美好而有益之危险

乃吟咏诗人之切近。

不祥而激烈之危险

乃思想本身。

它必反抗自身而思,却难得这般行为。

恶劣而糟糕之危险

乃是哲学方式①。

---

① 此处"哲学方式"(Philosophieren)为动名词,也可译为"哲思"。——译注

夏日彩蝶栖于花朵之上，双翅敛闭，
随花朵并舞于草地薰风中……

凡吾人内心之勇气，乃一种回响
源出于存有的召唤①，
存有集吾人思想入于世界之游戏②。

万物于思想中，遂成独一容缓之态。

忍耐培育雅量。

运伟大之思者，必有大迷误。

---

① 此处"存在的召唤"原文为 die Anmutung des Seyns，其中"召唤"（Anmutung）本义为"过分要求"。——译注
② 此处"世界之游戏"（das Spiel der Welt）应同作者后期所思的"世界游戏"（Weltspiel），即"天、地、神、人""四方"之游戏。——译注

在夜之寂静中,山间小溪湍流直下,
诉说于嶙峋岩砾之上……

老之又老者于吾人之思想中
追随吾人,却又接近吾人。

是以思想执着于曾在者之来临,
思想乃一种回忆。

成其为老意谓:及时逗留于某处,
其间对于思想道路,有独一之思
已然充其接洽之功。

一旦吾人愈来愈通晓思想之源起,
吾人将冒险一试,退出于哲学之范围
而返回到存有之思中。

冬夜暴风雪撕扯着木屋，清晨
山间风景静寂于皑皑白雪覆盖之中……

唯当其无能于道说
那必归于无言之事，
思之道说才静息于其本质所是中。

这一无能将带领思想
正视其事情。

无论在何种语言中，达乎言辞之所说
终非所道说本身。

彼乃一种运思，每每出乎意料——
何种惊奇究其玄奥？

铃铛叮当自山谷之斜坡上传来，
　　　那里牛群悠然漫游……

思想之诗性依然蔽而不显。

思想之诗性彰现处，有如
半诗歌之智性虚幻，久而久之矣。

而运思之诗
实乃存有之地志学。①

存有之地志学，道说存有之本质的地方。

---

① "存有之地志学"原文为 die Topologie des Seyns。"地志"（Topologie）指对区域自然地理和人工景物的记载。后期海德格尔关注存在/存有的"位置"（Ort）、"地方"（Ortschaft）和"开放地域"（Gegnet）等，故有此说。——译注

暮色降临，夕阳斑驳地映入森林，
以金色光辉沐浴着树干……

歌唱和思想同源
皆系诗之近邻。

出之于存有而通达存有之真理。

其血脉关系令吾人想起
荷尔德林对林中树的吟咏：

"林中树木巍然矗立，
长相毗邻却彼此不识。"

森林伸展
溪流欢腾
岩石持存
雾霭弥漫。

草地期候
泉水涌流
山风盘桓
祝祷冥思。

9. 乡间路

这条乡间路从庭院大门通往恩里特①。城堡花园的老菩提树越过围墙,目送它伸向远处,无论是在复活节前后,它在萌芽的秧苗与苏醒的草地之间闪闪发亮,还是在圣诞节前后,它消失于下一个山丘的茫茫积雪之中,情形莫不如此。从田野岔道而来,它向着森林拐弯了。经过森林边缘,它问候了一棵高高的橡树;而在橡树下面,有一张做工粗糙的木椅子。

木椅子上偶尔会放着大思想家的这本或者那本著作,那是一位笨拙的年轻人试图读懂的著作。如果谜团蜂拥而至,而且没有出现任何出路,那么,乡间路就来帮忙了。因为它在灵活的小径上护送着脚步,悄然穿越贫乏土地的浩瀚之境。

有时候,在相同的著作中或者在自己的尝试中,思想一再重新走在乡间路穿过草场而划出来的小径上。这条小径总是那么切近于思想者的步伐,就如同切近于清晨去收割的农夫的步伐。

随着岁月的流逝,路旁的橡树往往诱使人们去追忆早年的游戏和头一回选择。偶尔在森林中间,一棵橡树被伐木的斧头砍倒了,父亲立即穿过树丛,越过阳光灿烂的林中空地,去为自己的作

---

① 恩里特(Ehnried):德国梅斯基尔希市的一个地名。——译注

坊搜寻分派给他的几立方木头。父亲在这里从容不迫地干活,利用的是他在教堂塔楼大钟和时钟那儿值勤的休息间歇,这些钟保持着它们自己与时间和时间性的关系。

而男孩们动用橡树皮切割出他们的小船,装上航桨和方向盘,在梅滕小溪或者学校的井里漂浮。游戏中的世界航行还不难抵达目的地,而且一再回到了岸边。这种航行的梦想隐含于一种从前还几乎不可见的、洒在万物上的光华之中。他们的王国是由母亲的双眼和双手限定的。情形仿佛是,母亲默然的忧心照料着一切生灵。游戏中的那种航行对于把所有河岸都抛在后面的漫游还一无所知。这当儿,橡树木的坚硬和气息开始更清楚地表露出树木藉以生长的那种缓慢和稳定。橡树本身表露出,唯基于这样一种生长,它才能延续,才能结果;生长意味着:向天空的浩瀚之境开启自身,同时扎根于大地之幽暗;只有当人同样恰当地做到了两点,即准备好了听从至高天空的呼声,以及被保留到负重大地的保护之中,这时候,一切纯正的东西才能成长和发育。

橡树总还在对乡间路道出这些,而乡间路确信自己的小径从橡树旁经过。乡间路把在它周围成其本质的东西收集起来,并且把它自己的东西携带给在它上面行走的每个人。相同的耕地和草坡陪伴着乡间路,在每个季节都有着总是不一样的切近。无论森林之上的阿尔卑斯群山沉入黄昏而隐失,还是在乡间路穿过起伏的山峦蜿蜒而行的地方,云雀在夏日早上展翅高飞;无论是从母亲家乡村子一带吹过来的一阵猛烈的东风,还是一个伐木工在夜里把他的干柴拖到灶前;无论是一辆丰收的车辆沿着乡间路摇摇晃晃地打道回府,还是孩子们从草坡上采摘的第一朵报春花,还是云雾终日把它的阴霾和重负推向草地，所到之处，围绕着乡间路，总是弥漫着同一者的呼声（Zuspruch）：

　　单纯质朴之物保存着持留者和伟大者之谜。它突然降临到人那里，其实需要长久的生长。在始终同一者的毫不显眼之物中，遮蔽着一种赐福（Segen）。栖留于乡间路周围的一切生长事物的浩瀚之境捐献出世界。在其语言的未被言说之物中，正如古代阅读大师和生活大师埃克哈特（Eckehardt）所言，上帝才是上帝。

　　然而，唯当人存在，唯当出生于乡间路的气息中、能够倾听乡间路的人存在，乡间路的呼声才能言说出来。人顺从于自己的渊源①，但不是谋制（Machenschaften）的奴仆。如果人没有适应乡间路的呼声，他就只能徒劳地尝试，通过自己的规划把地球带入某种秩序中。有一种危险咄咄逼人，那就是：对于乡间路的语言，今天的人变得听觉迟钝。他们只还能听到仪器的噪声，他们差不多把仪器视为上帝的声音。于是乎，人变得精神涣散，无路可走。对于精神涣散者来说，单纯质朴之物更表现为单调一式。单调一式让人厌烦。闷闷不乐者只还能感到千篇一律。单纯质朴之物逃遁了。它那宁静的力量枯竭了。

　　依然把单纯质朴之物当作自己赢获的财富的人，其数量可能正在快速减少。但所到之处，仍会有少数人成为持留者（die Bleibenden）。他们终将基于乡间路的温柔力量，经受住原子能的神力，那是人类的计算为自己伪装出来的神力，已成人类自己行为的

---

①　此处"顺从于自己的渊源"（Hörige ihrer Herkunft）也可译为"自己渊源的倾听者"。——译注

枷锁。

乡间路的呼声唤起一种感受力,它热爱旷野的自由,甚至还能在有利的地方超越悲伤,使之转变入一种终极的开朗。这种开朗能抵抗那一味劳作的胡闹行径,而这种为自己发动起来的胡闹行径只能促进虚无(das Nichtige)。

在乡间路时令变化的空气中,生长出一种知会的开朗,后者的表情却常常显得忧郁。这种开朗的知会①乃是"诡黠"(das Kuinzige)②。谁不拥有这种"诡黠",他就不能赢得之。而拥有这种"诡黠"者,是从乡间路上获得的。在乡间路的小径上,冬日风暴与丰收日子相遇,春天活跃的躁动者与秋日泰然沉着的消逝碰在一起,青年的游戏与老年的智慧相互发现。而在一种独一的齐唱中,万物已然变得明朗而欢快;这种齐唱的回响,正是乡间路默然地来回携带着的。

知会的开朗乃是一扇通向永恒的大门。它的门在门枢中转动,而这个门枢是从前一个内行的铁匠从此在(Dasein)之谜中锻

---

① 此处"开朗的知会"原文为 heiteres Wissen,前句中的"知会的开朗"原文为 wissende Heiterkeit。其中"知会"(Wissen)也可译为"知道、知识";"开朗"(Heiterkeit)也有"喜悦"之义。——译注

② 海德格尔在本文中第一次使用了"das Kuinzige"一词(德国上施瓦本地区用词,形容词为 kuinzig),此词费解难译。海德格尔不认识的瓦尔特·兹路汉(Walter Zluhan)博士在读了《乡间路》这本小书后,于1954年4月6日致信海德格尔,请求后者解释"kuinzig"一词。海德格尔于1954年4月15日回信,指出这是一种"相对于一切通常和流行之物的开朗而忧郁的优越感"。参看海德格尔:《全集》第16卷,第220篇文章,美因法兰克福,2000年,第487页。海德格尔《乡间路》的法译本把"das Kuinzige"译为"一种狡黠的智慧"(une sagesse malicieuse)。我们勉强试译为"诡黠"。绍兴俚语中有"调摆"(音)一词,大意为:以一种智力的优势去捉弄他人——民间相传徐渭(徐文长)经常有此勾当。——译注

造出来的。

  从恩里特出发，这条道路返回到庭院大门口。越过最后一座山丘，它狭窄的地带穿过一块平坦的凹地，最后直抵城墙。它在星光中虚弱地闪烁。在城堡背后，耸立着圣·马丁教堂的塔楼。迟缓地、几乎犹豫不决地，夜里十一点的钟声渐渐隐失。在教堂旧钟的绳索上，男孩子的双手常常磨得热乎乎的；这旧钟在钟锤的敲打下发出战栗的声音，而没人会忘记钟锤阴沉而滑稽的脸孔。

  随着它的最后一记敲打，寂静变得愈加寂静。这种寂静直抵由于两次世界大战而提前牺牲的人们。单纯质朴之物变得愈加单纯。永远同一者令人诧异又让人释然。乡间路的呼声现在完全清晰了。是心灵在说话么？是世界在说话么？是上帝在说话么？

  一切都向同一者而说着弃绝（Verzicht）。弃绝并不取得。弃绝给予。它给予单纯质朴之物取之不尽的力量。呼声使人在一种幽幽的渊源中有在家之感。

10. 林中路

未来的人面临着与西方形而上学之本质和历史的争辩。唯在此沉思中,向全球性地被规定的人类此在的过渡才变成可实行的,这种世界历史性的此在作为被奠基的此在才变成可达到的。

《林中路》乃是此种沉思的尝试。表面看来,它们只是一些演讲报告的汇编,而这些演讲所讨论的课题相互间并没有什么联系。

从实事来思,则一切都处于一种隐蔽的和严格地被构造起来的协调一致中。

要不是已经走上了其他道路,则林中路中没有一条道路是可行的。在其统一性中,林中路显示出思想道路的一段,那是作者从《存在与时间》而来所尝试的。

<blockquote>
林中路行于迷途。

但它们不会误入歧途。
</blockquote>

11. 读莫里克[①]的一首诗

马丁·海德格尔与埃米尔·施泰格[②]的一次通信

1950年秋，我在阿姆斯特丹和布莱斯高的弗莱堡各作了一次关于"阐释的艺术"的报告。为了举例来阐明一些方法论上的想法，我插入了一段对莫里克1846年写的诗《致一盏灯》的阐释：

> 依旧不为所动，噢，美丽的灯盏，你窈窕优雅，
> 挂在这儿轻盈的灯链上，
> 装点着几乎被忘记的新房的天花板。
> 你白色大理石的灯盏，它四周
> 缠绕着金绿色铜制的常青藤花环，
> 一群孩子在上面欢快地跳着圆舞。
> 这一切多么迷人啊！微笑着，一个柔和的精灵
> 庄重地灌注了整个形式——

[①] 爱德华多·莫里克（Eduard Mörike，1804—1875年）：德国抒情诗人、小说家。——译注
[②] 埃米尔·施泰格（Emil Staiger，1908—1987年）：瑞士的德语语言学家和文学家。——译注

一种真正的艺术构造物。可谁注意它呢？

然而，是美丽之物，就幸福地闪现于它自身之中。

在谈及莫里克作为模仿者的处境和他对已逝的歌德时代的伤感记忆时，我做了以下的评论：

"在挂着这盏灯的房间里，他并没有自恃为主人。这里仿佛根本没有主人可言。然而，他还有着归属感；至少，他还敢于视自己为半个知情的自己人。而这一段诗痛楚而美丽的魅力也恰恰来自于此。他没有像歌德那样，把灯看成这样的艺术作品，即以兄弟般的尊崇来把它视作有机的构造物（Gebilde），其构造法则与人的身体和精神同源类似……莫里克是无论如何都没有与之融为一体；就像那群孩子虽勾起他对童年感伤回忆，但也同样有隔阂了。半切近，半遥远，半欢愉，半诉怨，像《在春天里》这首诗里写到的那样。

这种基调尤其是在最后一行里，发出了最为纯粹的奏鸣：

然而，是美丽之物，就幸福地闪现于它自身之中。

美幸福地持留于自身，

歌德在《浮士德》的第二部分里如此讲到。他深谙其道，故语气坚定，毫不含糊。莫里克可没走这么远。他已不再能够完全确信自己知道美为何物。然而美丽之物，却幸福地闪现……他敢于说出的就这些了。并且，他还以一个后来者才有的极度的细致，把自己

（sich）替换成了它（ihm）。如果他写的是在自己那里（in sich selbst），那么他还是把他自己过多地代入到灯（这个意象）里了。而如果是幸福地在它自身之中，美丽之物则被完全地拉远了……"

在阿姆斯特丹，赫尔曼·迈尔（Herman Meyer）就对此种解读表示出怀疑。他认为，闪现（scheint）应该理解为闪耀（lucet），而不是看上去好像（videtur）。在弗莱堡这个问题再次被提出。瓦尔特·瑞姆（Walther Rehm）和雨果·弗雷德里希（Hugo Friedrich）先是怀疑，最后还是决定采取看上去好像（videtur）这种解读。雨果·弗雷德里希还指出，这里的它（ihm）有种古老的用法，是一个反身代词，至今也在施瓦本地区常用。确实，我在格林词典里找到证明，这个反身代词的用法一直到1800年都很普遍，而后来在施瓦本也还有使用。然而，我觉得没必要改变我的解读。我们最终同意，莫里克利用了他方言的一个特色，来在高地德语中取得我描述的效果，然后我们简短地谈到，这样的看似完全平淡无奇的诗句是多么艰涩和充满歧义，所以阐释者多么小心翼翼也不为过。

海德格尔也在弗莱堡听了我的报告。他坚定地认为应把闪现（scheint）理解为闪耀（lucet），并在下面的信里解释了自己的观点：

"要想阐明莫里克诗中闪现的含义，我们必须首先从破折号后的两行诗读起，但同时回溯并打开整首诗。这两行诗简短地道出了黑格尔美学的核心。灯，'闪亮的'，作为'一个真正的艺术构造物'，是艺术作品的象征（σύμβολον）——用黑格尔的语言来说叫作'理想'（Ideal）。灯这个艺术构造物（噢，美丽的灯盏），将感性的闪现和作为艺术作品本质的理念的显现合二为一。而诗歌自身作为语言艺术构造物,是依据于语言的一般艺术作品的象征。

现在来具体谈下闪现(scheint)。您把'幸福地闪现于它自身之中'读为看上去好像自身很幸福(*felix in se ipso*〔*esse*〕*videtur*)。①您把幸福(selig)看作谓词,而自身(in se ipso)是修饰幸福(felix)的。我则把它理解为副词,即是闪现的根本特征,也就是修饰闪亮的自身显现,而在它自身之中(*in eo ipso*)修饰的是闪亮(lucet)。我的读法是:幸福地闪耀于它自身之中(feliciter lucet in eo ipso);在它自身之中从属于闪现,不是幸福;幸福是'在它自身之中闪现'的本质结果。最后一行的发音和节奏重心落在是(ist)这个词上。'然而,是美丽之物(一种真正的艺术构造物),就幸福地闪现于它自身之中!'美丽的存在(das Schön-Sein)是纯粹的闪现。

您不妨查阅下黑格尔 1835 后出版的《美学演讲录》的导言和第一部分的第一章。这里写道(第一版第十卷,1. 第 144 页):'美定义自身为理念的感性显现。''美的对象……在它的存在中让它自身的概念作为实现了的东西来显现,并在它自身中显示主体的统一和生命力。'(同上,第 148 页)

这里的它不仅仅是施瓦本的方言,相反,这种方言适合用来表达一个本质性的区别:'在它自身之中'尽管在某方面命名了它自己,但只是没有自为的自我意识的那一面,用黑格尔的话来说是非

---

① 海德格尔用这个拉丁语的句式来说明自己与施泰格对 scheinen(闪现,闪耀,显现和好像)这个德语词的理解的不同。海德格尔突出的是前几层意思,而后者这里把这个词仅看作成一个助动词"好像"。——译注

'概念',也就不是'纯粹的自身闪现'(第141页),而是无自我意识的'闪现',没有一个'自己'(sich),也就没有'自在',但反过来说,却是'在它自身之中'。但这里的'闪现'绝不仅仅是表象('bloßer Schein',例如'看上去好像……')。因此,黑格尔说道(第199页下):'艺术的真理不能仅限于所谓的模仿自然的正确性,而是外在与内在必须互相协调,内在本身就是自我协调统一的,因而能够作为它自身在外在中展示自己'(强调由我所加)。

自我展示就是闪耀地自我显示(Sichzeigen),是'闪现'。这其中,真(das Wahre)把它的独立性展示出来。黑格尔说:'这方面,我们可以把明朗的静穆和幸福,那种对自己的果断和自足的自我欣赏,作为(艺术作品的)理想的基本特征而摆在最高处。理想的艺术形象就像一个幸福的神站在我们面前。'(第202页)幸福地闪耀着的美丽的构造物本身也就有福了。如此方可达到这里可能的确定性。而如果去要求一种笛卡尔意义上的'数学'的确定性,则将是永远不可能成立的教条主义,因为这样完全没有从事物本身出发。

莫里克与黑格尔的关联显而易见。莫里克青少年时的朋友(他在路德维希堡长大的)和长期的美学和诗学方面的顾问,弗雷德里希·特奥多·维舍尔①,他的书《美学或美的科学》于1846年出版,以后有再版。

除此之外,我们也应注意,'闪现'这个词的表达力对我们来说

---

① 弗雷德里希·特奥多·维舍尔(Friedrich Theodor Vischer,1807—1887年):德国小说家、剧作家和诗人。——译注

已经丧失殆尽,尽管我们还说,'太阳闪耀着'(die Sonne scheint)。但是与此相反,请您读下 M. 克劳迪修斯(M. Claudius)的'吟唱月光摇篮曲'(万德斯贝克,信使1),尤其是第8、9、11 和12节。"

马丁·海德格尔的信就到这里。我承认,这封信某种程度上动摇了我的信念。然而一段时间过后,我对这首诗的声调和意义的感觉好像并没有被动摇。于是,我就试着再一次以文学批评的方法,比我的讲座中更加仔细地来阐明我对这首诗的感受性的理解。我是如此回复马丁·海德格尔的:

"请允许我从您的评论的末尾开始。您把维舍尔称之为莫里克在美学和诗学上的顾问。那么维舍尔关于美说了些什么呢?他的美学的第一卷,如您所说,是与莫里克的《致一盏灯》同一年出版的,第13段讲到(第二版,慕尼黑1922年,第51页):

'显象(Schein)按照这个法则,生成自身给精神,即一个在有限的时空中单独的存在者要完全符合它的概念,从而在它身上,首先是一个特定的理念,并由此绝对理念也得到间接地、完美地实现。这个存在物仅仅是个显象(Schein),因为它的理念在任何单个实存物中都无法完全在场;然而由于绝对理念不是空洞的表象,而是确实在实存中,只不过并不是在单个的具体存在者真正地实现,所以它(存在者)是内涵丰富的显象(Schein)或现象(Erscheinung)。这现象就是美的。

这里,美的'闪现'这个表达方式是有意地模棱两可,但更多地是在'闪耀'(videri)这个意义上来使用。然而,我并不是很看重这个段落。那么在诗学和美学方面的顾问咨询呢? 1851年2月8

日,莫里克写信给维舍尔,谈及他的美学,特别是1847年出版的第二卷:

'我多次感到对您的书有很高的期待和渴求,并努力地坚持读下去。第一部分(上面的句子就是引自于此),我曾两天不离手;我像狗一样,用鼻子来嗅一个坚硬的、没有边角的球,希望能这样快速地啃下一块。'

那么他的黑格尔研究呢?1832年5月14日,莫里克请维舍尔总结一下黑格尔体系的主要观点。莫里克《未发表的书信》的编辑,希巴斯指出(斯图加特,1945年,第534页),'关于(莫里克)晚期的黑格尔研究,根本无从说起。'

所以说,与黑格尔的关联根本就不是显而易见的。恰恰相反!我们看到,莫里克对认真的思考没有兴趣,也没有这方面的才华。那么问题到底在哪里呢?您对这里流露出来的、轻率地对待哲学的方式肯定嗤之以鼻。但这恰恰是要害所在。请原谅我的用词,我想说的是:在我看来,您处理这个有争议的诗句的方式,对于这个诗人来讲太经院哲学化了;与您的观点相反,我认为您太执着于那些概念了,从而忽视了诗歌语言的飘忽不定、滑动、畏缩和小心翼翼,还有狡黠和模棱两可,而这些经常在莫里克的诗歌里出现。或许这个老狐狸确实也有一些关于'闪耀'(lucet)的想法,就像那个'它自身',从辩证法的角度对他而言比对我们更重要。但至多不过是'有一些'而已,是游戏性的尝试。这样的抒情诗里,意义几乎没有固定的界限;而格林词典所列出的'闪现'这个词的丰富含义,也许都或多或少地闪烁其中。但我绝不想放弃语句的潜能、不确定性,也不想放弃对绝对的确定性的偏离和那种在'看上去好像'(videtur)中所隐含的'或许'(vielleicht)的意思。我以为这层含义才是占主导地位的。因为这样,莫里克所遭受的特殊境遇,还有他的实存与歌德(或者黑格尔的安定自如)的差异才以独一无二的方式表达出来。他,一个后来者,只有猜测的份儿,只能认为什么是可能的;本质对他来说还是半遮半掩。您真的想把诗人和上述诗句宝贵的、极其个人化的色彩牺牲掉,来让位给一个迎合黑格尔美学的补充性论断?

你我之间很显然不仅仅是简单的意见上的分歧,而是对诗歌和哲学语言的理解上的本质差异。我尤为强烈地感受到这一点,是当您的解读把重心放在了是(ist)这个词上。这在我看来是绝对不可能的。这里的重心是落在美,幸福和自己上。而当您认为在荷尔德林的诗句中,

> 共同精神的思想存在,
> 寂静地终结于这位诗人的心灵……

重心是落在存在上时,你的理由是海林格拉特[①]漏掉了这里的逗号,我出于韵律和事情本身的原因完全认同您的观点。您对节日颂歌解读的这个细节对我来说尤其宝贵。然而,荷尔德林的语言肯定要比莫里克的哲学性强很多。荷尔德林是思想家,莫里克不是。

[①] 海林格拉特(Hellingrath,1888—1916年):德国文学家,重新发现了荷尔德林的重要性,并编辑出版了他的诗歌。——译注

您可否允许我在《三艺》(*Trivium*)杂志上发表我们通信中有关莫里克诗歌的部分？我以为，为了能在更广泛的圈子里激发对阐释的困难思考，这部分是合适的。如果您想加段总结性的文字，我将不胜感激。因为我绝对不想做出最后的论断，尤其是在您面前。"

一封1950年12月28日，写于托特瑙山的信中专门讨论了这句有争议的诗，在信中，海德格尔是如此回复的：

"亲爱的施泰格先生！

感谢您的来信。这封信让您的演讲更清晰了；这封信教给我一些本质性的东西，如诗歌的基本情调，但在决定性的问题上没有说服我，尤其是您把闪现（scheint）理解为好像（videtur）。这反而激励我们尝试着去把思想的事情更清晰化，让我们的观点更合拍。

出于这个目的，我必须详细地做出回应。但我也不能做出最后的结论，何况这按常理，应该是您分内的事。通常在类似这样的、最好的情形下，您的结束语会依照您的观点，反而成为最初的语词；因为我们所做的是与零散的解释一个诗句十分不同的。这种不同的东西或早或晚，但肯定首先、甚至会完全地决定语言和我们终有一死的关系。

我指出与黑格尔的关联，只不过是想勾画出'闪现'这个词出现的氛围，尤其是当莫里克把它同'美'一起来用时。我引用黑格尔的美学讲演录，绝不是想证明美和闪现作为哲学概念是原因，而莫里克诗歌中对这些概念词的诗意用法是其结果，更没有把维舍尔作为黑格尔和莫里克之间的因果关联的中介。

您现在证明，莫里克对黑格尔的哲学漠不关心，对维舍尔的美学也不过是略知一二,但这并不能推翻我指出的与黑格尔的关系,也不能让我对莫里克'轻率地对待哲学的方式'嗤之以鼻。之所以如此,是因为我以为,诗人不必一定与哲学打交道,但越是能思(denkender)的诗人,也就越能作诗(dichtender)。

至于与黑格尔的关系,由于当时黑格尔哲学及其学派的统治地位,闪现作为'闪亮的在场者的自身显示'(leuchtendes sich zeigen des Anwesenden)这层含义是符合时代精神的,所以并不是所有理解这个词的古义的人都一定读过黑格尔的著作和维舍尔的书。而在思想上,如果没有在场者自我展示的、去蔽意义上的闪现作为奠基性的根本领域,也就根本不可能对闪现的'仅仅是看上去好像……'(nur so aussehen als ob...)这层含义有真正的思考。希腊语的φαίνεσθαι这两方面的意思都有。而即便是希腊语φαίνεται有'仅仅是看上去如此'(es scheint nur so)这层含义,也与罗马人的从观者的角度出发的 videtur 有很大区别。所以我不是以学院派的方式认为,莫里克从学术上把黑格尔的哲学翻译成诗。我不过是想指出,闪现和显象的源初含义保持着一个场域的敞开,在其中,显象、闪现、现象、单纯现象①和简单的显象等多重含义自由地,又不是任意地展开,但同时又纠缠混杂在一起。

因此,您所引用的维舍儿美学的第 13 段并不与黑格尔相矛盾。黑格尔在我引证的段落中(第 132、148、149 页),也在单纯的闪现(Scheinen)意义上使用现象和显象这些词。在黑格尔的美和

---

① 此处"单纯现象"原文为 bloße Erscheinung),其中"单纯"(bloß)在此是贬义,而"单纯现象"与"本质"(Wesen)构成了形而上学上的二元对立。而海德格尔把"本质"理解为动词,则克服了这个二元对立。——译注

美丽的对象的闪现的概念中,汇集了一种由显象、现象和单纯显象所构成的严谨的多样性。但是,显象(Schein)必然属于每件艺术作品的本质,而且是属于它们作为自在的自身显示(Sich-an-ihm-selbst-zeigen)的本真闪现,例如一个作为艺术构造物而画出来的树不是真正的树,但恰恰是这个假树显示了树的现实性本身。黑格尔和维舍尔所说的正是这种属于真正的闪现的显象,而这种显象又从属于看上去的、表面上的现实物(des anscheinend Wirklichen),并让现实性显现。您猜测莫里克那里的'好像'(videtur)意味着假象(Anschein),这就完全不同了。这里的假象源自莫里克的一种观点,依照您的理解,是莫里克作为模仿者关于艺术的本质和效用的观点。与之相反,那个表象(Anschein①)属于艺术作品本质性地立于其中的外观(Aussehen)。遵循您的解读,莫里克认为艺术作品的真正的闪现和自我显示不过是单纯现象而已,因为尽管艺术构造物可以显现为幸福的,但其实并不是如此。假设您对'闪现'的解读成立,您也不能引用维舍尔的语句来论证这里的显象,更不能将其臆想为黑格尔的对立面。

如果从他们的文本中找到的文字证据没有一种论据的分量,来论证美的哲学概念和诗人的诗歌形象间的因果交互关系,为什么要这么繁琐地讨论黑格尔和维舍尔的美学呢?这些探讨好像拉开了解释学的序幕,借此表明,需要极大的细心工作,才能在本真与非本真的闪现间的本质关联,在显现和作为摇摆不定的意见的

---

① 此处"表象"原文为 Anschein,这个德语词有"假象"的含义,但也有"表象、外表、样子"的意思。——译注

单纯显象间的本质关联中梳理出头绪,并清楚、明确地使用相关词义。之前的评论还远远不能清晰地展示出黑格尔以绝对理念和理想之名所思考的内容的根本框架。无论怎样反黑格尔,其思想所造成的氛围还是辐射到了整个19世纪的艺术观,当然,思想视域和概念性的水平是不断地江河日下。

然而如何理解莫里克诗歌最后一句里的闪现,这只能从诗本身出发来作出决断。而这首诗本身还存留在那个时代语言精神的气氛中,洋溢着一种基本情调,只要它自己还是一种真正的艺术构造物。

您的信使我更加注意本质性的东西,让我陷入更深的思考:这首诗的基本情调(Grundstimmung)是什么。我称之为追忆的哀愁,这一点上,我们可能不谋而合。那诗本身说了什么呢?

遗憾的是,我不是很清楚地记得您在演讲中就整首诗及其细节所讲的内容了。我没记错的话,您并没有想去仔细地分析诗的建构,正如您后来写到的,对于您而言,'方法论的部分今晚要比具体例子更重要。'

这首诗的十行的结构是这样划分的:第一至第三行讲的是,美丽的灯盏在场,依旧不为所动,以及它如何地在场,即装点着几乎被忘记的新房的天花板。挂着美丽灯盏的天花板,其装饰的光芒洒满了整个空间。美丽的灯盏即使没有燃烧,也在照亮着新房。它空间化了这个'现在几乎被遗忘了的'空间的本质(本质这里为动词)。这就是说:曾经在场过的现在被照亮,并显现在美丽灯盏的光芒中。

第四至六行让美妙的灯盏的外貌和是什么(das Was)得以显

现，而它在其装饰的在场中还是不为所动。常青藤花冠的金绿色指向炙热生长的狄奥尼索斯。孩童的圆舞散发着新房的光芒。孩童出现在美丽的灯盏旁，我没有把这像您一样，从心理和生平传记的角度理解为诗人逝去童年的回忆的象征。常青藤花环和孩童属于美丽灯盏这个艺术构造物的一部分，因为它照亮了新房这个世界，并打开了其空间。

　　第七行和第八行把前六行总结性地表达出来。这里，美丽灯盏自身同一的在场显示为迷人的和庄重的（令人陶醉和迷离的），然而两者并不是简单地叠加在一起。在场的魅力（Reiz）和庄重在游戏中柔和地交织一起，充满了整个形式。形式这个词这里不是指内容的外在包装，而是意味着作为μορφή的forma：①即外显者的造形。整个形式，这意味着在场者的全部外观都显现出来：仍不为所动的美妙灯盏，它的在场和外观通过两组三行诗句（一至六行）化为诗歌，保存下来。

　　美丽灯盏作为艺术构造物是在这八句诗中才显出它的美丽，而与诗的内容相吻合，是这首诗里的言说才让灯盏的美丽闪耀出来。诗虽然不能点燃灯盏，但它却燃亮了美丽的灯盏。为什么《致一盏灯》这首诗没有在第八行结束呢？这是因为那有待入诗的东西还没有圆满纯粹地表达出来。尽管美丽的灯盏这个艺术构造物已找到了语词表达，但还没有作为一个真正的艺术构造物而被命名出来。美丽灯盏的真正样式，美本身，还没有被说出来。与前几行相比，现在还要说出一些不同的东西来。

---

　　① μορφή是希腊语，Forma是拉丁词，意思都是形式、形态和外形。——译注

11. 读莫里克的一首诗　117

因此,第八行的结尾处,尽管没有句号,在形式这个词后面却直接加了个破折号。这一横命名了一个差异,这种差异既分断又联系。从整首诗的诗句来看,破折号把前八行与下面的最后两行,第九和第十行断开。破折号这样所断开的,却又同时将其联系起来:第九和第十行与前八行构成一个整体,尤其是与第七行和第八行。这两行与最后两行相对应,因为它们都从整体上命名了那个艺术构造物,但每次的角度不同。

第九行在破折号之后,直接以一个真正的艺术构造物开始。这样就做到了承前启后。后面是什么呢？首先是一个问题:可谁注意它呢？谁还认真对待真正样式的艺术构造物及其本真的本质？这个问题的方式和语调就给出答案:没人了,几乎没几个了,只有少数几个人。追问的语调是哀伤的。诗人之所以能被这种悲伤的情调所定调,①是因为他还属于那些对艺术品的本质保持着感知的人。因此,悲伤也不能压垮他。他在悲伤中依旧保持挺立不动。因为他知道:一种真正形式的艺术构造物,美之为美,并不取决于人的恩典,无论人们在意或不在意艺术作品,欣赏还是不能欣赏美丽的事物。美保持为其所是,无论"谁在意它呢？"这个问题的答案是什么。

然而,是美丽之物,就幸福地闪现于它自身之中:美丽事物之美就是让全部的形式在它的本质中纯粹地显现出来。

我们还不应该过于匆忙地读过最后一行里的然而(aber),甚

---

① 情调(Stimmung)和定调(be-stimmen)的词根都是 Stimme(声音),而没有连词符的 bestimmen 的正常含义为规定、定义。——译注

105

至完全忽略。

这里的然而命名了一组相互联系的对立。然而出现在第十行，是针对点出了人对艺术品关注的第九行。然而否定的是这种关注、在意的重要性，因为美不是由于这样的认可和赞同才成为美的。

之所以然而有这层意思，是因为它不仅按照诗的节奏，突出了接下来的美丽这个词，而且在意义上必然地一同强调了是（*ist*）这个词。是（*ist*）在这里不是我们不假思索，在讲话和书写中经常使用的平淡无奇的系词。是（*ist*）命名了'美自在其是'（in-sich-schön-sein），与通过对美的关注，'仅仅表象为美'区分开来。是（*ist*）这里有在场的含义：以美丽的方式在场的事物……因而，我必须坚持对是（*sind*）的强调，然而我绝不会把这里的是等同于您引用的荷尔德林诗里的是（*sind*）。这个是（*sind*）不是在场的意思，而是形而上学意义上的实存（existentia）。

一个美丽的事物在场，除了以装点和闪耀的方式让世界的本质（动词）显现出来，还有其他方式吗？美能如此，是因为它自身就是闪耀发光的，即：闪现。鉴于闪现有这层含义，而且于它自身之中从属于闪现，诗结尾的最后的语词回应了开头：依旧不为所动，噢，美丽的灯盏……

最后一行的最后的语词与前面的共属一体，这样整个形式——这里不是指美丽灯盏的形式，而是这首诗指《致一盏灯》——才归于完满。

每当我试着顺应您的观点把闪现听成看上去好像（*videtur*）时，诗的节奏总是让我读起来磕磕绊绊，而到了诗的尾声时则更是无所适从。闪现（scheint）这个词中的闪耀（scheinen）的含义并不指向幻象（Phantom）这个方向，而是更接近神灵显现（Epiphanie）。真正的艺术构造物本身就是由其所点亮的、并保存于其中的世界的显现。

如果我们可以谈及莫里克诗歌中的'极度的细致'，那么最多只能是基于以下原因：这首把一个艺术构造物的本质样式表达出来的诗，同时也是向一盏灯致敬的诗。这样，不仅这个艺术构造物的对象，灯盏，有了燃烧闪耀的特征，而且艺术作品的本质，美妙灯盏的美，也以闪耀发光的形式闪现。已经熄灭的灯盏还闪烁着，是因其美丽而发出光耀：自我显示着（闪现着），同时又让它的世界（新房）显现。

这是'细致'吗？诗人作为后来者，以这首诗走近西方艺术早期曾经拥有过的过去，这难道不是隐而不显的单纯（des unscheinbaren Einfachen）向诗人的一种馈赠吗？

您在莫里克的诗中预感到了哀伤的情调。我也有同感。但问题是：哀伤的情调定下了什么的基调？不是因为真正艺术构造物的本质性的闪现被降格为单纯的表象。哀伤的情调定下了艺术构造物的基调，是因为它不再被与其本质相符的人们的关注所环绕。艺术作品不能够强求得到人们的关注，也不能将其丝毫无损地据为己有。也许，诗人窥见到了这种属于艺术作品本质的无能（和伤痛），所以他的性情才被这种伤痛哀伤地定调。他作为后来的模仿者显然比前辈看到的更多，因此承受的也就更重。

莫里克的诗为了成其所是，并不直接需要我们繁琐的反思。相反，我们倒是需要这样的思考，不仅是首先为了能读诗，而是为了从根本上学会阅读。

但阅读，它难道不是汇集吗：自身聚集在朝向言说中未曾言说的汇集？

致以衷心祝愿
您的 马丁·海德格尔。"

我于1951年1月6日回信说：

"尊敬的海德格尔先生，

我本来这里只想感谢您这封非同寻常的来信，但信中的一处误解还是促使我利用您友好地推让给我的结束语的权力。我既没有在"阐释的艺术"这个报告中，也没有在给您的信中把闪现理解为'看上去好像，但实际上不是如此'。我从没认为，'闪现'可以从'幻象'（Phantom）这层意思的方向上来理解。我对最后几行的解释始终都是这样：'此艺术构造物几乎没有引起注意。但是（我也绝对没有忽略这个词），这又奈它如何？它好像陶醉在自身的幸福之中，根本不需要我们。好像！或许如此。但我们并不确定。因为我们这些可怜的后来者，我们何德何能，可以清楚地断言，美是什么样子的？

我想，这种解释与您阐明的解读并不是相差很远。我完全赞同您对诗歌结构的分析。我在报告中也说过类似的。而且，我们两个都承认，闪现在几层含义间闪烁不定。您更强调'lucet'（闪现，灯的闪耀），而我则还是倾向于 videtur（看上去好像）。由此，我把诗人也代入到哀伤之中，而我们都确信，这才是贯穿全诗的情调。诗人被哀伤所触动，并不只是因为他知道，艺术品的本质不被多数人所知，而且是因为他自己也不敢确定地感觉自己是这方面的知情人或内行。他这样个人的哀伤可以从小说《画家诺尔顿》（奥普雷德最后的、意识模糊的皇帝）①和无数其他的诗歌中找到证据。而恰恰是这样的羞怯和悲伤，在我看来，与您所作出的断然绝对的判断格格不入。当然，你说的神灵显现不无道理，但我认为，这是半遮半掩的显现。

我们之间的分歧可以从以下的区别来理解：您把诗读成诗性和美永恒不变之单纯的见证。而我认为此诗是一种特殊的、无法重复的诗性和美的见证，而这在上个世纪中叶莫里克那里实现了。如您所思，莫里克分享了美（在μετέχει这个意义上的②）。我作为历史学家也要承认这一点。但我更关心的问题是，他如何分享的，'一'又如何破碎散落在个体现象中。

不再多说。但我还想衷心地感谢您乐意这么善意地回答我的问题，我的贡献不过是使您对这首诗作出了解释。最后，我想重申我对您永远不变的尊敬。

您忠诚的埃米尔·施泰格。"

---

① 奥普雷德（Orplid）：莫里克这个小说中虚构的地名。——译注
② μετέχει希腊语意思为分享，分有。如具体事物分享理念。——译注

12. 什么叫阅读？

什么叫阅读？阅读中起承载和引导作用的是汇集。汇集到哪里？到所写的和在书写中所说的东西那里。真正的阅读是要汇集到在不知不觉中，就已经征用了我们的本质的事情那里，无论我们是应合还是错过了它的召唤。

不会真正的阅读，我们也就无法见到那凝视我们的，也无法观看到那显现和闪耀的事物。

13．关于钟楼的秘密

圣诞夜过后的凌晨三点半左右，敲钟童就来到了教堂司事的房屋。司事母已经在桌上准备好了牛奶咖啡和蛋糕。桌子旁边立着圣诞树，杉树的芳香和圣诞夜烛光的气息在温暖的房间里弥散。司事屋里的这一时刻，敲钟的孩子们已经期盼了几个星期了，即使不是一整年的话。它神秘的魔力在哪里呢？这些男孩子们冬夜这么早就来到这房子里，肯定不是为了这些"好吃的"。他们家里或许还有更好的东西等着他们。神奇的是这间屋子，这非同寻常的瞬间，和对钟声和节日本身的期待。孩子们在司事的屋子里就开始兴奋了，尤其是在他们吃饱后在走廊里点燃灯笼时。灯笼里点亮的是祭坛剩下的蜡烛，司事为此专门把蜡烛搜集在一个收藏室的箱子里，而我们司事童则从中拿出些蜡烛给我们自己的祭坛，然后我们煞有介事地"做弥撒"。

灯笼准备好后，敲钟童由他们的头领着，蹒跚地走过雪地，消失在钟楼里。钟，尤其是大钟，会在钟房里敲响。激动人心的时刻是之前大一点的钟的"摇摆"，钟舌是钟绳固定住，然后才"放开"，这需要特殊的技巧，尤其是当钟已经完全摆动起来时。这样做是为了每个钟一个接一个，充分发出自己的声响。只有有经验的耳朵才能分辨出，是不是每次钟声都是准确地敲响；敲钟的结束也是以同样的方式，只不过次序反过来。大钟的钟舌在全速的摆动中被"收住"，而如果一个钟童技巧不够娴熟，让钟"脱落"，那可就惨了。

圣诞节清晨的四点的钟声响过后，最小的钟就开始响起——"三号钟"，这么叫是因为每天下午三点钟这个钟都被敲响。这差事也是由司事童负责的，为此，他们下午在庭院花园或市政厅前"市场小桥"上的玩耍总是被打断。通常，尤其在夏天，孩子们把他们的游戏移到钟房里，或者钟楼最高一层塔钟的钟面上，那里有乌鸦和燕子筑巢。"三号钟"也是丧钟，敲响它是报丧的"信号"。"信号钟"是由司事本人来敲。

四点的"惊醒钟"是开始（小城里的梦中人从睡眠中被"惊醒"），在"三号钟"后是浑厚、甜美的钟声"奥尔福"，然后是"童钟"（是给儿童、基督教诲和玫瑰经文祈祷时敲的钟），然后是"十一号钟"，也是每天都响，多由司事本人来敲，因为钟童们这个时候都在上学，接着是"十二号钟"，也是每天十二点都敲响，然后是"响钟"，由时钟锤来敲，最后是"大钟"。随着它浑厚、沉重、悠扬而绵长的钟声，这个宣告盛大节日来临的敲钟仪式才结束。旋即就响起了圣母弥撒的钟声。这种钟声总是在节日前的守灵夜敲响，司事童也在场的，而平时他们则是履行祭司童子的职责，当然到了合适的年龄就成了高级祭司侍从。他们不是正式的敲钟人，尽管他们比那些专门敲钟的孩子所敲的钟可能更多（"敲"在施瓦本方言里也有受苦的意思）。

除了提到的七个钟之外，在通往钟房的最后一节台阶上还挂着一座"银色的弥撒钟"，其细细的钟绳穿过整个塔楼，一直到储藏室门口。司事通过这个小钟给上面钟塔里的敲钟人信号,通知在圣餐过程中什么时候敲钟,什么时候停止。

司事童还不能缺少的场合是"摇鼓"。从复活节前的星期四到星期六是不能敲钟的,在做礼拜和祈祷时,摇鼓就派上了用场。由一个曲柄带动的一排木槌敲在硬木鼓面上,发出的声音与复活节肃穆的气氛正相配。在"四方阵"里,摇鼓在四个角落敲起,首先在市政厅对面摇鼓被摇起来,然后有鼓童逐次一个一个地摇转。

此时,早春已经在大地上涌动,怪异的是,暗中的期待却已经梦想着夏天的、远方的塔楼。

在这神秘的聚合(Fuge)中,宗教节日,节前的日子,四季轮回,每天清晨、正午和傍晚的时辰交织聚合一起,这样,总是有一个钟声穿过年轻的心,梦想,祈祷和游戏——也许正是这种聚合中蕴藏着钟楼最迷人,也最完好而持久的秘密,不断更新且不可复制中被馈赠,直至最后的钟声飘入存在的山峦中。

14. 评朗恩哈德的《黑贝尔》书

方言是每种成熟语言的源泉。从中向我们流来语言精神自身隐藏的奥秘。

语言的精神隐藏的是什么呢？它内部保藏着毫不显眼、但又起着承载作用的与上帝、世界、人和其作品以及事物之间的关系。

语言自身所隐藏的是那种掌控一切的高贵，而这是每个事物的来源，由此它们才立得住，并结出果实。这种高贵与有效性在语言中生发，而当一个语言失去了方言源头活水的流入，它也就随之消亡了。诗人黑贝尔清楚地认识到这一点。

在黑贝尔的《小宝盒》①藏的什么宝藏，至今也没多少人完全估量出来。

黑贝尔的小说和杂文所用的语言是德语所有书面语中，最简单、明亮，也最迷人，最具沉思性的。《小宝盒》的语言对每一个打算在这门语言中标准地谈话和写作的人都是最高级的课堂。

黑贝尔语言的秘密在哪里呢？不在于刻意去追求的风格，也不在于他想尽可能地贴近民俗的语言。《小宝盒》的语言的秘密在

---

① 《小宝盒》为方言诗人黑贝尔的短篇小说集。——译注

于,黑贝尔能够把阿雷曼方言①接收到书面语中,并让其发出方言的纯粹的回音。

---

① 阿雷曼方言(Alemannisch)为德国西南部的方言。——译注

15. 关于西斯廷[①]

围绕着这幅画，汇集了所有关于艺术和艺术品方面还未澄清的问题。

"画"这个词这里不过是说：在作为到来的对视意义上的面容[②]。这种意义上的画或图像（Bild）要先于"窗上画"和"架上画"的区别。具体谈到西斯廷，这个区别不仅是范畴概念性的，而是历史性的。"窗上画"和"架上画"这里是不同方式的图像。西斯廷变成架上画和馆藏品，这里隐含着文艺复兴以来，西方艺术真正的历史演变过程。但西斯廷也许最初就不是窗上画。它曾是，也因而就一直会在变化中保持为一个独特的图像存在。

特奥多·海策（Theodor Hetzer）是我在弗莱堡高中的同桌，我对他始终怀有十分尊敬的思念；关于西斯廷，他的话很有启发，我们每个人都应感谢他的极具思想力度的直观。然而，他的评论还是让我大吃一惊，因为他说，西斯廷"与教堂没关系，也不要求某种特殊的摆放。"这样讲从美学角度来说是正确的，但却没有道出

[①] 西斯廷（Sixtina）：也叫 Sistinische Madonna，是文艺复兴时期著名画家拉斐尔的名作，现存德国德累斯顿。——译注

[②] 原文为：Antlitz im Sinne von Entgegenblick als Ankunft，或译为"面容即作为来临的对视"。——译注

真相。无论将来这幅画被"摆放"在哪里,它都将失去自己的场所(Ort)。它已经无法本源地展开自己的本质了,也就是说由自己来决定这个场所。画在陌生中迷失,作为艺术品的本质也被改变了。博物馆馆藏式的表象思维,尽管它有它自己的历史合法性和必然性,然而对这种陌生它却一无所知。这种馆藏式的想象把一切都抹平为千篇一律的"展览"。这其中,只有位置(Stellen),没有场所。

西斯廷属于那个皮亚琴察大教堂,这不是从历史和文物意义上而言,而是有关其图像存在的本质。图像所属的场所也与其本质相应。然而,我同时也知道,我既没有这方面的发言权,也没有足够的知识储备。因此,以下的评述不过是些"玄想"。当然,speculari[①]也是一种观看,但却是非感性的。

关于"窗上画"的问题是:什么是窗户?窗框界定了光照开放的投射,通过界限,开放得以聚集,并使得闪现得以可能。窗户一边让入接近的闪现,一边展望着到场。

但在这个独特绘画的独特发生事件中,画的闪现不是发生在一个已经存在了的窗户之后,而是画本身才使窗户成为窗户,所以它也不是传统意义上的圣坛画。它是更深层意义上的圣坛图像。

所画的内容自有其持存的方式。但画每次都只是突然地闪现,而且就是这种闪现的突然。玛利亚带来了圣子耶稣,而同时她自己也被他带了出来而到场,而她的到场中一并带来她的出处的隐秘的庇护所。

---

① Speculari 是 speculation(玄想)的动词。——译注

121　　　带来,是玛利亚和圣子耶稣在场的方式。它的发生汇集到注视的观看中,而这也是两者的本质所在,并从中获得了其形式。

在画中,并且作为这幅画,上帝成为肉身的闪现发生了,那个"转变",那个在圣坛上"化体",才作为弥撒献祭中最本己之物(das Eigenste)发生了。

但画不是模仿,也不是神圣化体的符号象征。这幅画是时间-游戏-空间作为场所的闪现,弥撒献祭就在这个场所举行。

场所就是教堂里的祭坛。教堂是绘画的一部分,反过来也如此。与每次画的独特发生相应的必然是它单独地出现在不显眼的场所,即众多教堂中的一个。这个教堂,或其他种类的教堂,召唤这个独特的画的独特的窗:所以说,画才奠基并成全了教堂的建造。

就这样,画构成了去蔽着的隐蔽($\alpha\lambda\acute\eta\theta\epsilon\iota\alpha$)的场所,而画则是作为去蔽在场的。它的去蔽方式(它的真—理)是神子到来的遮蔽着的闪现。画的真理即是它的美。

不过我察觉到,所有这些都还只是不充分的笨口拙舌。

16. 约翰·彼得·黑贝尔的语言[①]

黑贝尔的《阿雷曼语诗歌》是在1800年至1803年这短短几年间创作的,而且是在卡尔斯鲁厄创作的。这些诗歌是在一种对家乡的渴望和眷恋中诞生的。人们经常注意到这一点,但对之少有思量。如果我们假定黑贝尔的梦想得到了实现,他当时可以成为某个马克格拉夫勒兰德[②]乡村的牧师,那又如何?那样的话,他就会获得更丰富的机会,来写一写家乡的风土人情。当然啰——倘若只关乎此,那么这种写作就可以说是以民俗学的方式描绘乡土及其"民众"。但这位流落到卡尔斯鲁厄的教授却是别有使命:诗意地歌唱家乡——用诗句来照亮家乡的本质。真实和崇高的诗歌永远只完成一件事:使不可闪现者闪现出来。然则不可闪现的始终是那种东西,它完全支配和规定着一切习惯的和表面的东西。不过,只有当我们从不可闪现者那儿退回来,充分远离之,它才得以闪现,出现在我们的目光前。家乡的本质只有在疏离陌生的东

[①] 本篇内容主体节自海德格尔:《讲话与生平证词》,《海德格尔全集》第16卷第222篇文章《约翰·彼得·黑贝尔(1954年9月5日查林根讲话)》,第493—497页。——译注

[②] 马克格拉夫勒兰德(Markgräflerland):德国地名,位于弗莱堡西南部。——译注

西中才能达乎闪现。伟大诗人们所歌唱和道说的一切,都是从乡思之苦出发被看见的,并且是通过这种痛苦而被召唤入词语中的。

*

然而——有人已经做了如此回应——如果这些"阿雷曼语诗歌"只是通过自己的语言而局限于一个特殊的地方及其民族特点,那么它们如何可能成为伟大的世界性的诗歌? 所以,黑贝尔诗歌的世界其实是一个有局限的世界,因为它们"只是"阿雷曼语诗歌?

人们也经常以为,方言是标准语言和书面语言的糟蹋和毁坏。但实际上情形恰好相反:方言是每一种成熟语言的神秘源泉。语言精神于自身中庇藏的一切都是从这个源泉中涌向我们的。因此说到底,恰恰对于瑞士的山景和山谷来说,依然完好无损地保存着一种崇高的财富:它们不仅以自己的方言说话,而且也以自己的方言思想和行动。

一种语言的精神庇藏着什么呢? 它内部保藏着毫不显眼、但又起着承载作用的与上帝、世界、人和其作品以及与事物的关系。语言精神(Sprachgeist)于自身中庇藏的东西乃是那种高度,那种贯通并支配一切的东西,一切事物都从中起源,从而变得有价值、结出果实。这种高度和价值在语言中欣欣向荣,但一旦一种语言必定会失去来自方言这个源泉的涌流,那么,这种高度和价值也会随语言一道死去。诗人约翰·彼得·黑贝尔清楚地意识到了这一点。因此,在上面提到的书信中,黑贝尔写道:这些阿雷曼语诗歌虽然保持在小民族的特性和视野中,但同时也是"高贵的诗歌"。

*

黑贝尔直到 1811 年贡献给这本年历①的最美的叙述和观察，被收入《莱茵家之友的小宝盒》中，1811 年在柯塔出版社②出版，该出版社也出版过歌德和席勒的著作。如果您今天在广播里或者在别的地方碰到"小宝盒"这个名称，您当想到黑贝尔。

然而，在黑贝尔的《小宝盒》里隐藏着什么宝贝，迄今为止只有少数人给予完全的估量。黑贝尔的叙述和观察所采用的德语书面语言，是向来被写下来的语言中最质朴、最明亮、同时也最具魔力和最深思的语言。黑贝尔的《小宝盒》的语言，对于每个打算主要用这种语言来说话和书写的人来说，始终都是一种崇高的训练。

黑贝尔的语言的奥秘何在呢？并不在于一种矫揉造作的风格意愿，也不在于尽可能大众化地来写作的意图。《小宝盒》的语言的奥秘乃在于，黑贝尔能够把阿雷曼方言的语言纳入书面语言中，并且让这种书面语言作为那种方言的纯粹回响（Echo）而鸣响。而且，这同时给我们一个暗示，暗示着《阿雷曼语诗歌》的奥秘。

黑贝尔并没有从某个地方获得诗歌的灵感和情调，然后不同于其他诗人，以阿雷曼语方言把它们表达出来了；而不如说，黑贝尔在倾听之际等待着这种方言的语言精神的涌流，也就是这样：这种语言不时凝结为个别的诗歌，其方式有如晶体的形成。

----

① 黑贝尔在 1803 年至 1811 年间、最后在 1819 年主持完成的年历《莱茵地区家之友》。——译注

② 柯塔（Cotta）出版社：即现在德国斯图加特的克莱特－柯塔（Klett-Cotta）出版社。——译注

而且,因为这些诗歌植根于本地,所以它们能达到辽远之境,并且超越一切表面上由方言所给予的限制。

17. 与奥特加·伊·加塞特的会面

我想来简短地叙述一下我与奥特加·伊·加塞特的两次会面。就我而言,这两次会面依然是值得想念的,始终留存于我的记忆深处。

第一次会面是在 1951 年 8 月初,是第二届达姆施达特对话会议的时候。奥特加和我都为这个以"人与空间"为主题的对话会做了演讲。我的演讲《筑·居·思》①结束后,在达姆斯达特市政厅平台的长桌旁,知名建筑师们与学者们之间的对话开始了。我自己在听众席上找了个位置。很快,有一个参加"对话会"的代表开始激烈地诋毁我的演讲。他的诋毁的登峰造极之处,是他断言:这个演讲报告没有解决根本问题呀,而只是"拆解之思",②也就是通过思想把一切消解于虚无。在这个时候,奥特加·伊·加塞特要求发言,同时从坐在他旁边的发言者手上一把抢过了麦克风,对在场听众讲了下面的话:"亲爱的上帝需要拆解之思想家③,为的是

---

① 参看海德格尔:《演讲与论文集》,中译本,孙周兴译,北京:三联书店,2005 年,第 152 页以下。——译注

② 作者在此用的动词是 zerdacht,原形为 zerdenken。我们试译为"拆解之思"。——译注

③ 此处"拆解之思想家"原文为 Zerdenker,联系于上文的动词"拆解之思"(zerdenken)。——译注

让其他动物睡不安稳。"通过他这句巧妙的话，现场气氛一下子变了。但他这句话不只是巧妙而已，首要地是充满着一股豪侠之气。奥特加多半拒绝赞同，有时候不免让人担心，似乎他的独特性会威胁到他；因此，他对我的言论和著作表现出来的这样一种豪侠之气（这在通常情况下也是高贵的），就尤其让我赞赏和珍视。

达姆施达特会议期间的某个晚上，在一个城市建筑师家里搞了一次游园会。到了深夜，在通往花园的一条通道上，我发现奥特加独自待在那儿，头上戴着一顶大帽子，坐在树下喝酒呢。他一副情绪消沉的样子。他跟我打招呼，我坐到他旁边，不只是出于友好，而是因为从他的神情中散发出来的巨大忧伤抓住了我。这种忧伤的原因也很快在灯光虚弱的树下变得清楚了。奥特加绝望于思想之无能，也即思想在面对当代世界之权势时的无能。但同时，从他的谈话里也表露出一种孤独，这种孤独可能并不是由外部情况引起的。喝了几大口酒后，我们断断续续的谈话转到了思想与母语的关系问题上。奥特加的面容突然变得欢快了：他熟悉自己的家乡，我从他所列举的语言方面的例子中感觉到，他是如何坚实地和直接地从自己的母语而来思考的。与他的豪侠之气相随的，在我眼里出现一幅关于他的图像，就是他孤独的探索，但同时也有一股天真的孩子气，当然这种天真绝非幼稚——因为奥特加是一位敏锐的观察者，也因为他观察到他一举一动要获得的效果。

第二次会面是在比勒霍，一个星期天的上午，我们唇枪舌剑，做了一场激烈的交锋，但守住了最美的界限。所讨论的问题是存在概念以及哲学基本价值的词源学。我们的争辩证明了奥特加在学术上的多维定向。但我们的争辩也展示给我一种实证主义，对此我无权作出判断,因为我只知道奥特加的少数著作,而且这些著作也只是根据译文来了解的。同一天下午,当我们一起喝茶时,奥特加·伊·加塞特的个人魅力给我和所有在场者留下了持久的印象。奥特加讨论了一个主题,它既不是规划好的也没有得到表述,但可以立如下标题:"西班牙人与死亡"。确实,奥特加只说出他早就熟悉的东西,但他是怎么说的,这一点透露出,他是多么远离于他那些入迷的听众——也许在他现在已经经历过的领域里。当我想到奥特加·伊·加塞特时,他的形象就会浮现在眼前,一如他那天下午演讲时显示出来的那样,表现为大量的沉默与表情,表现为豪侠气、孤独、天真和忧伤,连同渊博的知识和一种令人着迷的插科打诨。

18. 什么是时间？

什么是**时间**①？——人们可能会认为，《存在与时间》的作者必定是知道这一点的。但他其实并不知道，以至于他至今依然在追问。追问意味着：去倾听向某人说出自己的东西。

此种倾听穿越单纯的现实之物，去倾听那远远而来又伸向远方的推动我们时代的历史进程的东西；在我看来，此种倾听乃是您的《时代》②周刊的勇敢的、审慎的和卓有成效的态度。我很高兴有此机会，可以用这几行字来感谢某些值得赞扬的和具有廓清作用的表态，感谢那充满信心的道路指引（Wegweisung）。但愿对于您的工作的精力充沛的参与热情，到处都能够静静地增长起来。

---

① 此处"时间"为每个字母都大写的 ZEIT。——译注
② 此处《时代》也作大写，为 DIE ZEIT。——译注

19. 黑贝尔——家之友[1]

谁是约翰·彼得·黑贝尔？解答这个问题的直接道路或许是，我们来听听这个人的生平故事。我们也许还能在公立学校里听到约翰·彼得·黑贝尔这个名字。我们在读本里了解他的几首诗，而且约略记得这首或者那首诗。偶尔在阅读他的这个或者那个年历故事时，我们也还能听到约翰·彼得·黑贝尔这个名字。

知道一点诗人的生平经历，这是好事；因为这种生平经历碰巧能让在这个人身上蕴藏的诗意源泉喷涌而出。

约翰·彼得·黑贝尔1760年生于巴塞尔，他的父母出生于德国，在瑞士任职。父亲在小汉斯彼得（Hanspeter）出生后只活了一年左右。13岁时，少年黑贝尔失去了母亲，他母亲一直住在威斯恩塔尔[2]的家里。这条河谷从巴塞尔－罗拉赫的莱茵河拐弯处一路向上，通往黑森林，直达费尔德山，草地就是从那里开始的。黑贝尔在《草地》这首伟大的诗歌中歌唱了这片草地的形态和道路。

后来，青年黑贝尔去卡尔斯鲁厄上了人文中学。他在爱尔兰根学习神学，成为信奉新教的马克格拉夫勒兰德的助理牧师，很快

---

[1] 本篇为第16卷第222篇、第225篇和第226篇文章的组合和改写。——译注
[2] 威斯恩塔尔（Wiesental）：德国南部地名，按字面直译为"草地河谷"。——译注

又成了罗拉赫①的教师。31岁时,黑贝尔——现在作为教师——又回到了卡尔斯鲁厄人文中学,成了学校的教授和校长,最后在教会和政治上获得了崇高的地位和身份,直到1826年9月22日去世,享年66岁。超过他生命的一半时间,黑贝尔是远离家乡度过的。

这就是说,卡尔斯鲁厄对他来说就已经是远方,因为出生地和童年之地的切近不断地以一种不可违抗的方式调谐着和呼唤着这位威斯恩塔尔人的情绪。家乡大地的活力和力量,那里喜欢他的人们的强壮而明朗的心智,始终活在黑贝尔的性情和精神中。黑贝尔唯一的生命梦想,就是作为乡村牧师在马克格拉夫勒兰德生活和工作,却是未能实现。然而,家乡的魔力牢牢吸引着黑贝尔。出于对家乡的渴望和眷恋,他创作了《阿雷曼语诗歌》。这本诗集出版于1803年。黑贝尔在序言中写道:

"这些诗歌所采用的方言可以为它们的命名做出辩护。这种方言流行于弗里克塔(Fricktal)与从前的宋得高(Sundgau)之间的莱茵河一隅,它的一些变种远及福格森(Vogesen)与阿尔卑斯山脉,穿过黑森林,存在于施瓦本的大部分地方。"

我们可能会认为,黑贝尔的诗因为是方言诗,只是道说了一个有局限的世界。此外人们也以为,方言是标准语言和书面语言的

---

① 罗拉赫(Lörrach):德国地名,位于弗莱堡南部,近巴塞尔。——译注

糟蹋和毁坏。此种想法是错误的。方言是每一种成熟语言的神秘源泉。语言精神于自身中庇藏的一切都是从这个源泉中涌向我们的。

一种纯真语言的精神庇藏着什么呢？它内部保藏着毫不显眼、但又起着承载作用的与上帝、世界、人和其作品以及人的有为和无为的关系。语言精神（Sprachgeist）于自身中庇藏的东西乃是那种高度，那种贯通并支配一切的东西，一切事物都从中起源，从而变得有价值，结出果实。

这种高度和价值在语言中欣欣向荣。但一旦一种语言必定会失去来自方言这个源泉的涌流，那么，这种高度和价值也会随语言一道死去。约翰·彼得·黑贝尔清楚地意识到了这一点。因此，在《阿雷曼语诗歌》出版前不久的一封书信中，黑贝尔写道：这些阿雷曼语诗歌虽然保持在"小民族的特性和视野中"[指阿雷曼民族]，但同时也是"高贵的诗歌"（《书信集》，第114页）。

什么是这种——"高贵的诗歌"呢？那是一种具有高贵气质的诗歌，也就是说，它具有一种崇高的来源，来自那个本身是持存者、而且其持续力量从来不会枯竭的东西。照此看来，约翰·彼得·黑贝尔就不是单纯的方言诗人和乡土诗人。黑贝尔是世界性的诗人。所以，对于我们的问题，即谁是约翰·彼得·黑贝尔，我们或许已经有了答案。然而，我们其实还没有答案。只有当我们已经知道黑贝尔是通过什么才成为他所是的伟大诗人的，这时候，我们才会有答案。因此之故，我们要再次追问：谁是约翰·彼得·黑贝尔？

我们现在要先行道出这个问题的答案，我们说：

约翰·彼得·黑贝尔乃是家之友(Hausfreund)。

这个回答初听起来令人诧异,甚至是令人费解的。家之友——一个质朴的名词,但却是一个具有深远意义的词语。借助于一种神奇的灵敏听觉,黑贝尔找到了"家之友"这个名词,而且抓住了这个名词的令人激动的多义性。黑贝尔为他自己编的巴登地方年历选择了这个名词。但同时,黑贝尔在这个年历标题中认识到了一个命名他自己的诗歌使命的词语。正如黑贝尔在1811年写给卡尔斯鲁厄"大公爵高等基金部"的信函中所说的,他为"这个美好的理念所激励,就是要把莱茵河的家之友的年历弄成广受欢迎的乐善好施的现象,而且尽可能弄成全德国最出色的年历,在任何可能的竞争中的胜利者。"

黑贝尔在此关于自己美丽的年历理念所讲的意思,值得我们逐字逐句来加以思考。

年历要成为一个现象。它要不断可见地闪光,照耀人们的日常生活。年历不应该像其他任何印刷品那样单纯地出版;人们看到其他印刷品时,它已经消失了。

年历的现象①要成为一种"广受欢迎的"现象:一种自由地受欢迎的现象,但不是——像当时通行的——受当权人物强制的现象。

年历的现象要成为一种"乐善好施的"现象:它承载着一个愿望,意在促进读者们的福祉,缓解读者们的痛苦。

同时,年历应以"最出色的"方式超越狭隘的地方局限,对全德

---

① 此处"现象"(Erscheinung)也有"出版"之义。——译注

国发挥作用;因为黑贝尔用至高的标准来衡量自己的道说和书写。唯因此,他也对这样一种现象的影响范围做了估计。

最后,黑贝尔并没有怯于承认,人能塑造的一切本质性的东西,都是在高贵竞争中的一个胜利赠礼——甚至一个年历。今天,"插图的报刊"已经替代和消灭了古老的年历。前者("插图的报刊")分散、瓦解、打击了本质性的和非本质性的东西,使之落入扁平的、短暂而棘手的、也已然消逝了的东西的本身单调乏味的层面上。后者(年历)曾经能在毫不起眼的东西中显示持存者,并且依然保持重复的阅读和思索。

然而,黑贝尔却在没有预感的情况下,帮助他的年历的"美好理念"超越当今而达到了一种光华,一种常新地使人类的思索和感受着迷的光华。这是如何发生的呢? 是由于黑贝尔成其所是了:成了家之友。"家之友"这个质朴的、但仍然难以捉摸的词语乃是表示黑贝尔之诗歌方式的基本特征的名称。

当然,如果人们唯一地只在诗歌创作中看诗人的事业,那么,黑贝尔在出版了《阿雷曼语诗歌》之后就已经停止写诗了。但诗歌《致具有田园本性和习性的友人》只是他的世界性的诗人天职的开始。这种诗人天职首先通过黑贝尔的年历的叙述和观察才成为最高贵的德语语言。黑贝尔,这位在一种与语言的巨大切近中生活的黑贝尔,是知道这件珍宝的。他按照自己的诗意估量,挑选了他在《莱茵河家之友的年历》中给出的最美片段。于是他把珍宝限于最珍贵者,为之造了一个柜子,并且把它当作"小宝盒"献给了整个德语语言。

使《小宝盒》成为我们赞赏的语言作品的思索和塑造(das Sinnen und Bilden），乃是那种诗人的表情（Gebärde），我们借此把黑贝尔识别为家之友。但在《小宝盒》中，《阿雷曼语诗歌》同时被扬弃掉了，所谓"扬弃"是在三个层次的意义上来说的，这是诗人同时代的大人物之一、来自施瓦本地区的思想家格奥尔格·威廉姆·弗里德里希·黑格尔关于"扬弃"的思考。①

"扬弃"(aufheben)一方面意味着：从地上拾起摆在眼前的东西。但这种扬弃却是表面的，只要它没有被一种意同"保存"(aufbewahren)的扬弃所规定。不过，后面这种扬弃，只有当它来自一种表示"把……举上去、美化、使变得高贵并且由此发生转换"的扬弃时，它才能获得负荷能力和持久性。以这样一种方式，黑贝尔把《阿雷曼语诗歌》扬弃为《小宝盒》了。从小宝盒中处处闪烁着诗歌的魔力，而小宝盒中并不包含这些诗歌。

我们通常从世界中、从人类的和神性的事物中看到的东西，通过诗意的道说而被重新铸造，变成为珍贵的东西和神秘之物的过剩。这种重新铸造的高贵化通过一种得到提升的语言而发生。但这种提升走向质朴之物。把语言提升入质朴之物中，这意味着：把一切转变入静静地鸣响的词语的柔和光华中。这样一种高贵化的道说标识着约翰·彼得·黑贝尔的诗人天职的特性。

唯当我们充分思索这一点时，我们才能同时完整而持久地理解那些有贡献的人物如艾米尔·施特劳斯、威廉姆·阿尔特韦格和威廉姆·策恩特纳已经认识到的东西，即：黑贝尔的书信也与

---

① 黑格尔的"扬弃"概念具有"拾起、保存、取消"三重意义。特别可参看黑格尔：《精神现象学》、《小逻辑》等著作。——译注

《阿雷曼语诗歌》和《小宝盒》一样，属于他整个诗歌作品的统一体。

只有越来越清晰地洞察到、并且越来越明确地接受他自己的本质（作为家之友的本质）的诗人，才可能写这些书信。

但我们还得追问：谁是这个家之友？黑贝尔以何种方式是朋友，又是哪个家的？

首先我们会想到乡下人和城里人居住的家。今天我们甚至会过于轻松地、而且经常出于一种困境，把家设想为人的日常生活在其中展开的各个空间的布置。家差不多成了一个单纯的居住容器。然而，家只有通过栖居才成为家。可是，栖居是通过筑造而建立起来的，只有当这种筑造先行根据让栖居（Wohnenlassen）而得调校，而这种让（Lassen）总是为栖居唤醒和允诺了更为原初的可能性时，它才成为它实际所是的筑造。

如果我们能充分深远地和本质性地来想想"栖居"（wohnen）这个动词，那么，它为我们命名的是人在大地上、天空下从生到死的旅程的完成方式。这种旅程是多形态的，是富于变化的。但无论在哪里，这种旅程都是栖居的主要特征，也就是人在大地与天空之间、在生与死之间、在快乐与痛苦之间、在作品与词语之间的逗留的主要特征。

如果我们把这种多样的之间（Zwischen）称为世界（Welt），那么，世界就是家，是终有一死者栖居的家。相反，个别的家、村庄、城市，就都是在自身中和在自身周围把那些多样的之间聚集起来的建筑物。这些建筑物首先把大地取来，把大地当作被栖居的山水风光纳入人之切近处，同时把相邻的栖居之切近置于天空之辽阔中。唯当人作为终有一死者栖居在世界之家中，人才处于一种使命中，要为天国之物筑造一个家，为自己筑造一个居所。

世界是家，家之友是这个家的朋友。家之友倾心于人之本质的完整而广大的栖居。但他的倾心（Zuneignung）依据于一种原始的、起初未展开的、但在任何时候都是得体的与世界及其建筑的归属关系。因此，我们在家之友的《小宝盒》中发现了"关于世界建筑的考察"。更有甚者：家之友并非偶然和杂乱地把这些考察插入叙述中。他对小盒的珍宝做了完好的设想和美好的安排。

更有甚者：小宝盒甚至开始于"对世界建筑的一般考察"。这个家的朋友首先把"大地与太阳"推到了人们眼前。接着这个，后面是对月亮的考察。之后，在关于无危险的和冒险的人类行为和活动、关于正派的和狡诈的人类行为和活动的叙述中，星星开始闪烁；首先是分布在两处的行星，然后是彗星，最后有意放了恒星。

现在人们会说（甚至有一定的道理），黑贝尔关于世界建筑的考察只是跟上了他那个醉心于启蒙的时代的进程。在他那个时代，正在升起的近代自然科学的知识再也不能回避了。人们意愿把它们当作关于自然的更佳知识传达给人们。这种关于启蒙时代的断言固然是正确的。但它完全错认了约翰·彼得·黑贝尔这个家之友以其关于世界建筑的考察所想做的事。黑贝尔感兴趣的事，我们只有在知道了谁是真正的家之友的时候才能发觉。

必定让我们吃惊的是，真正的家之友并非黑贝尔。不然是谁呢？黑贝尔自己为我们给出了答案，而且是在他关于世界建筑的考察的一个标志性的段落里。如果我们注意到这段文字的独特性，那么，我们就只能从这里得出一个决定性的指示，尝试从世界之家出发来思考家之友。相关文字位于有关月亮的考察的结尾

处,原文如下:

"第八点也是最后一点:天上的月亮究竟能做什么?——答曰:做大地/地球能做的。确凿无疑的是:月亮通过它那柔和的光芒(那是它对太阳光的反射)照亮了我们的黑夜,注视着小伙子们如何亲吻少女们。月亮是真正的家之友和我们地球上的第一个年历制作者,而且当他人睡觉时,月亮便是最高的总守夜人。"(《关于世界建筑的考察》,"月亮",I,第326页以下)

大地上真正的家之友是月亮。谁胆敢以少数几句话、同时难免过于宏大的话,表达出在这里作为家之友的本真要素而得到形象呈现的东西呢?

正如月亮通过它的闪耀,尘世的家之友黑贝尔通过他的道说带来一种光芒,而且是一种柔和的光芒。月亮带来的光芒照亮了我们的黑夜。但它带来的光芒并不是由它自己点燃的。它只不过是反光,是它预先接受到的——从它的太阳,后者的光华同时照耀着大地。

被月亮柔和化后又投给大地的太阳反光,乃是被允诺给家之友的道说(Sage)的比喻;家之友受了允诺,也就是被照亮后,方得以又向与他一道栖居在大地上的人们道说被允诺给他的东西。

在他所道说的一切中,家之友守护着本质性的东西,作为栖居者的人所依赖的东西,当然也是人太容易因睡眠而耽误掉的东西。

家之友就像最高的总守夜人,就像月亮,是一个在黑夜里保持清醒的人。他照看着栖居者的适当安宁,关注着有威胁的和干扰性的东西。

作为第一个年历制作者,月亮预先规定了时辰的运行。诗意的道说先行于终有一死者从生到死的道路。

家之友注视着小伙子们如何亲吻少女们。家之友的注视是神奇的:不是好奇的呆看。家之友注视着,恋爱者如何获得了柔和的光亮,那月亮的光亮,它既不只是尘世的也不只是天空的,而是两者的,而这两者是原始不可分的。

在月亮的景象中,黑贝尔让我们解读出家之友的本质。家之友的道路与片刻(Weile)、态度与表情,乃是一种独特地被抑制的、同时具有看护作用的闪耀,它让一切事物都进入一种柔和的、几乎不可察觉的光芒中。

与此相应的是黑贝尔本人关于作为家之友的自己所讲的话。这位家之友有时候把一粒"小小的金种子"(II,第99页)放入他的叙述和考察中。"因为这位莱茵地方的家之友来来回回地在莱茵河畔漫步,向有的窗户窥探,而人们看不到他;坐在有的酒店里,而人们不认识他;与有的正派人走上一条安息日之路,或者如果碰巧,走上两条安息日之路,而且不让人发觉他的身份。"

所以,这位家之友在他向有兴趣的读者所说的话中思考甚多,但又让本真的东西处于未被道出状态。正如在一个年历故事结尾处所说的(II,第164页):"家之友同时想到什么,但他不说。"当然,家之友也知道他的道说向何处说——也就是对"世界和生命的伟大年集"(II,第172页):"人们起先没有太注意,不论人们如何去如何来,直到人们感觉自己处于与开头时完全不同的人群当中。"

家之友也清楚地知道,终有一死者的生命如何本质性地为词语所规定和支撑。在1808年9月的一封书信中,黑贝尔写道:"我们生命的大部分是一条由词语造成的舒适的或者不舒适的迷途,我们的大部分战争是……词语战争"(《书信集》,第372页)。

不用奇怪,家之友比我们所以为的更难以担当,难以以正确的方式通过自己的道说来忍受这种词语战争。

黑贝尔有一回写信给朱斯蒂努斯·克尔讷(Justinus Kerner)(1817年7月20日,《书信集》,第565页):

"您知道对于一个读者来说把要道说的东西如此正确地放入其生命的真理性和清晰性中意味着什么"……而且我们可以补充说,同时又要保持"未被关注和未被召唤的状态"(1817年8月10日,《书信集》,第569页)因为这就是家之友的方式。对于这个名词,黑贝尔在同一时期还做了再次解说,他写道(1817年10月24日致朱斯蒂努斯·克尔讷的信):"以家之友这个名词,人们诚然是要真诚地与读者说话,并且毫无约束地戏弄之。"

在毫不显眼的道说中(这种道说让要道说的东西保持在未被道说状态之中),家之友的友好便流向读者。在这样一种道说中,家之友找到并且保持了一种向终有一死者之栖居的转向和关注,由此他便来到世界之家中,但却是如此这般地成了它的客人,就仿佛他不是它的客人似的。

"家之友"——这是一个具有深远预见的、同时具有掩饰作用的名词,表示我们通常所谓的诗人的本质。

诗人把世界聚集入一种道说,其词语始终是一种柔和地抑制的闪耀,世界就在其中如此这般地显现,仿佛它是第一次被看见。家之友既不想一味教训,也不想教育谁。家之友听任读者自便,以便读者自发地进入那种对本质性的东西的喜爱;而家之友为了与我们对话,先已俯身走向这个本质性的东西。

家(即世界所是)之友打算做的是何种对话呢?家之友首先想谈论什么?答曰:谈论他本身在《小宝盒》中开始谈论的东西。那就是"关于世界建筑的一般考察"。黑贝尔以下列句子结束这种考察的导论部分:

"所以,家之友现在想做一次布道,首先是关于大地,关于太阳,然后是关于月亮,再然后是关于星星。"

做一次布道吗?当然是。不过我们要好好关注,是谁在此布道。是家之友而不是教士。但一位布道的诗人是一个烂诗人。除非我们对"布道"(predigen)这个动词有更深思的理解。布道在拉丁语中是 prac-dicare。它意味着:先行-道说(vor-sagen)某物,由此来表明某物,赞扬某物,并且因此让要道说者在其光华中显现出来。这种"布道"乃是诗意道说的本质。

因此,黑贝尔的"关于世界建筑的考察"是诗意的。这是一个大胆的断言;因为黑贝尔自己的意图和表达似乎是与此相反的。黑贝尔其实是想以所谓的考察把他的年历的读者引导到一种关于

世界建筑的更好知识上,为的是把他们从漫不经心的无知状态中 144
解放出来。

《小宝盒》的第一页始于下列句子(I,第264页):

"对于有兴趣的读者,如果他坐在熟悉的处于群山与树林之间的家中,守着自己的所有,或者喂着山雕,那对他来说便是舒适的,而且他恰好不会想得太远。但当太阳早早地以其寂静的壮丽升起时,他不知道太阳从何而来,在傍晚何时落山,他不知道太阳到哪里去,太阳在哪里穿过黑夜把自己的光芒遮蔽起来,以及太阳通过何种隐秘的小道重新找到了它升起的群山。或者当月亮时而苍白而瘦弱地、时而浑圆而丰满地在黑夜里漫步时,他又不知道这是由什么造成的。而且,当他仰望星空,发现一颗星比另一颗星闪烁得更美丽、更快乐,这时候,他就会以为,它们全都因为他的缘故才这样的,其实却并不真正知道它们想要什么。好朋友哪,人们天天都这样看某物,从不追问个中意味,这是不值得称道的。"

家之友想使自己的读者愿意去思索在自然过程和状态中昭示出来的东西,因为自然贯通并且支配着我们的栖居世界。因此,他也这样来向他的读者描绘自然,就像近代自然科学的"自然行家和占星先知",尤其是"正直的哥白尼"用数字、图形和定律来表象自然。我们深思熟虑的说法是:家之友也用自然科学的可计算性来显示自然。但他并没有迷失于这种自然理解中。家之友虽然把目光对准可计算的自然,但他同时把自然召回到自然的自然性之中。这种自然的自然性在其本质上、因而也历史性地,比现代自然科学的对象(Gegenstand)意义上的自然要古老得多。自然的自然性绝不是直接从自然本身中生长出来的,而毋宁说,它是在从前古希腊思想家所谓的"Physis"[涌现、自然]中特别地被洞见的;而所谓"Physis"[涌现、自然],意思就是:一切本质现身者进入其在场与不在场的涌现与回归。①

自然的自然性乃是太阳、月亮、星星的那种升起和下降,这种升降通过把世界的奥秘说给栖居的人而直接地招呼栖居的人。尽管在关于世界建筑的科学解释中,太阳是以哥白尼方式被思考的,但按照黑贝尔的两首诗,太阳同时在天然自然范围内始终是那个"美丽的女人"(tolli Frau),从她那里"一切都想要光明和温暖"(alles Liecht und Wärmi ha will),"一切都祈求她的赐福"(alles um e Segen a-spricht),"但又多么善良和友好!"(doch so güetig (blibt) und fründli!)"②(《燕麦粥》,I,第 104 页以下;《夏日傍晚》,I,第 78 页以下)

黑贝尔在这里是把太阳转变为一个农妇了?抑或,只有当天然自然的太阳和星辰以其寂静的壮丽向我们照耀时,这样一个女人和一切人类本质的质朴性才得以显露出来?

在评论黑贝尔的《阿雷曼语诗歌》时,歌德写道:"这位作者把自然对象转变为乡下人,并且以最质朴的、最优美的方式彻底把宇宙乡下化了:以至于随着这位作者,山水风光(其实在其中,人们看

---

① 此句原文为:das Auf- und Zurückgehen alles Wesenden in sein An- und Abwesen,是作者对古希腊的 Physis[涌现、自然]一词的解释。——译注

② 此处为阿雷曼语。——译注

见的永远都是这个乡下人)似乎在我们提高了的和变得明朗的想象中仅仅构成一点。"①

黑贝尔把宇宙乡下化了②。歌德这个判断听起来不免冷酷,但其实意思是友好的。它甚至触及一个问题,一个恰恰推动了歌德后期的作诗与思想的问题。

究竟什么是我们不得不认为值得不停地追问的东西呢?

它是那个值得追问者,它在此间已经提升到不可量度和深不可测的状态,撕扯着我们的时代,而我们不知道何往。

它是那个值得追问者,我们今天甚至还没有一个合适的名称来表示它,即:技术上可控制的科学的自然与人类习惯栖居的天然自然,犹如两个疏异陌生的区域相互脱离,并且以一种持续的加速度飞奔起来,越来越远地分道扬镳。

它是那个值得追问者,即:自然的可计算性被假装为通向世界之神秘的唯一钥匙。

它是那个值得追问者,即:可计算的自然作为所谓真实的世界把人类的一切心思都据为己有,并且把人类的表象改变和固化为一种单纯计算性的思维。

它是那个值得追问者,即:天然的自然沦落为一种幻想产物的虚无的东西,甚至不再让诗人们感兴趣了。

它是那个值得追问者,即:诗歌本身不再能够成为真理的一个

---

① 载《耶拿普通文学报》1805年2月13日。参看海德格尔:《全集》第16卷,美因法兰克福,2000年,第543页。——译注

② 此处动词"把……乡下化"原文为 verbauern,其词根为 Bauer(农民、乡下人)。——译注

决定性形态了。

所有这一切也可以这么来说：我们今天在一个没有了家之友的世界之家里瞎跑——也就是那个家之友，他以同样的方式和强度倾心于在技术上被扩建的世界建筑，以及适合于一种更原始栖居的作为家的世界。那个家之友缺失了，他能把自然的可计算性和技术藏回到一种重新被经验的自然之自然性（Natürlichkeit）的开放奥秘之中。

诚然，这个家之友把宇宙乡下化了。但这种乡下化却具有那种筑造（Bauen）方式，一种思及更原始的人类栖居的筑造方式。

为此就需要筑造者，他们知道人类是不能通过原子能活命的，相反，原子能只会使人类丧命，也就是说，即便原子能只为和平的目的而被利用，而且这一目的对于人类的目标设定和规定来说始终是唯一决定性的，人类也必定会丧失掉自己的本质。面对这一点，真正的筑造者要思量的是：人们所过的单纯的生活还不是一种栖居。因为，按照荷尔德林的诗句，当人"诗意地……在这片大地上"栖居时，人才"栖居"。

约翰·彼得·黑贝尔乃是以家之友为形态的诗人。但无疑地，我们今天再也不能返回到他在一个半世纪前经验的世界中去，既不能返回到那个时代完好无损的田园之中，也不能返回到那个时代有限的自然知识中去。

然而，我们能够注意的是，人类栖居的诗意性质需要诗人，诗人在一种高而广的意义上是朋友：世界之家的朋友。

我们能够预见的是，当约翰·彼得·黑贝尔把诗人看作家之友，而家之友把人类栖居的世界之家带向语言，这时候他在暗示什么。

"带向语言"（zur Sprache bringen）——我们以通常方式使用这个说法，为的是表达出：某个东西被提出来讨论和协商。但如果根据词语的分量谨慎地思考"带向语言"这个说法，那么它就获得了一种更深刻的意义。那么，"带向语言"就意味着：把从前未被言说的、从未被道说的东西提升到词语中，让迄今遮蔽的东西通过道说（Sagen）而显现出来。如若我们从这个方面来思考道说，那就显而易见：语言本身蕴藏着一切本质性的东西的宝贝。

在约翰·彼得·黑贝尔的《小宝盒》里隐藏着什么，迄今为止只有少数人给予完全的估量。黑贝尔的叙述和观察所采用的德语书面语言，是向来被写下来的语言中最质朴、最明亮、同时也最具魔力和最深思的语言。黑贝尔的《小宝盒》的语言，对于每个打算主要用这种语言来说话和书写的人来说，始终都是一种崇高的训练。

黑贝尔的语言的奥秘何在呢？并不在于一种矫揉造作的风格意愿，也不在于尽可能大众化地来写作的意图。《小宝盒》的语言的奥秘乃在于，黑贝尔能够把阿雷曼方言的语言合并入标准语言和书面语言中。以此方式，这位诗人让书面语言作为方言财富的纯粹回响（Echo）而鸣响。

我们还能倾听《小宝盒》的语言吗？我们的语言竟还能如此这般与我们相关涉，以至于我们还能倾听之？抑或本己的语言正在消失，远离我们而去？确实如此。我们的语言中先前被言说的东西，我们的语言中不可穷尽的古代，越来越沉没于一种被遗忘状态中了。这里发生了什么呢？

无论人何时以及如何说话,人都只有通过预先已经倾听语言才能说话。在此,即便对语言的漏听(Üerhören)也还是一种倾听方式。人从那种语言而来说话,人之本质已经向这种语言说了出来。我们把这种语言称为:母语。

鉴于历史性地生成的语言——它就是母语——我们可以说:真正说来,是语言说话,而不是人说话。人说话,只是由于人向来应合(ent-sprechen)语言。

但在当今时代,依照日常言谈和书写的仓促和习惯中,一种不同的语言关系越来越确定地达到了统治地位。我们的意思也就是,语言就像我们交道的一切日常事物一样,也只是一个工具,而且是相互理解和信息交流的工具。

这种关于语言的观念对我们来说是如此熟悉,以至于我们几乎觉察不到它那阴森可怕的强力。然而,在此期间,这种阴森可怕的性质越来越清晰地得到了揭示。关于作为信息工具的语言的观念如今已趋于极端状况。人们虽然对此过程有所认识,但并不思考它的意义。人们知道,在电脑构造的语境中,现在不仅要建造计算机,而且也要建造思维机和翻译机了。可是,一切广义和狭义的计算,一切思维和翻译,都活动于语言的要素当中。通过上面讲的机器,语言机已经变成现实了。

计算机和翻译机的技术设备意义上的语言机乃是某种不同于言语机器的东西。① 我们所认识的言语机器能接受和播放我们的

---

① 作者在此希望区分"语言机"(Sprachmachine)与"言语机器"(Sprechmachine),后者只是我们的言语的收录和发送设备。——译注

言语,因而尚未干预语言之言说。

与之相反,从其机械能量和功能角度来看,语言机已经开始控制和测量我们可能的语言用法的方式。语言机是——而且首要地只还是——现代技术对语言本身之样式和世界加以支配的方式。

此间在表面上看,总还有一种假象,仿佛是人掌握着语言机。然而真相或许是,语言机操作着语言,因而掌控着人之本质。

人与语言的关系沦于一种转变中了,我们尚未估量出这种转变的影响。这种转变过程也是不能直接阻挡的。此外,这种转变正在以最大的寂静发生出来。

虽然我们必须承认,语言在日常生活中委实表现为一种理解工具,作为这样一种工具被用于通常的生活关系。然而,还存在着不同于通常关系的其他关系。歌德径直把这些其他关系称为"更深的"关系,说语言:

"在普通的生活中,我们将就着对付语言,因为我们只表明表层的关系。一旦我们谈到更深的关系,就立即会出现另一种语言,即诗歌的语言。"(《著作集》第二部分,第 11 卷,魏玛,1893 年,第 167 页)

关于人类此在的这些更深的关系,约翰·彼得·黑贝尔有一回写道:

"我们是植物,不管我们是否愿意承认,我们这种植物必须连根从大地中成长起来,方能在天穹中开花结果。"(III,第

314 页）

"大地"——这个词语在黑贝尔的句子中表示所有作为可见的、可听的、可感的东西承载着我们、包围着我们、激励着我们和令我们平静的东西,即:感性的东西。

"天穹"(天空)——这个词语在黑贝尔的句子中表示我们能觉知、便不能用感官觉知的所有东西,即:非感性的东西、意义、精神。①

然而,完满的感性之物的深度与最果敢的精神的高度之间的道路和小径乃是语言。

何以这么说?因为语言的词语在语音中鸣响,在文字中闪光和闪烁。语音与文字固然是感性之物,但在感性之物中,向来就有一种意义(Sinn)传露出来并且显示自己。作为感性的意义,语言穿越大地与天空之间的游戏空间的浩瀚之境。语言使一个领域保持敞开,在其中,大地上天空下的人得以栖居于世界之家。

约翰·彼得·黑贝尔,这位诗人以其明朗的感觉漫游于那些道路和小径上——我们是能够把语言经验为这些道路和小径的。如若我们来寻求与这位朋友的友谊,我们是能做到这一点的;因为这位朋友作为诗人,本身乃是世界之家的朋友——

那就是约翰·彼得·黑贝尔:家之友。

---

① 德语中的 Sinn 有多重含义,主要有三:1.感觉、感性、感官;2.意识、思想;3.意义、意思。在此上下文中主要取"感性/感官"与"意义"两义。——译注

20．手工作坊札记

今天，一些人好像在困境中挣扎着，为现代科技和与之相同的科学的统治地位找到一个历史观念，来归类被这种统治所规定的世界状况，从而将其化入一种可理解的范围之中。即便这是可能的，现代技术和与其相关的科学的本质还是未被认知。当然，如果现代科技的本质能从自身显出其命运遣送（Geschick）的样式，并打上烙印，而且属于其中的一切都能抵达其命定，那么结果将完全不同。

为了探寻这种可能性，我们必须首先学会从其本质来思考曾"本真地"发生过的，并持续地保持对它的追思（an-denkend）。

苏联总理今年一月初就俄罗斯太空运载火箭发出以下声明："我们是世界上第一个在太空上烧制出一条从地球通往月亮的轨道的国家。"联邦德国的一个大报就此发表了社论，第一句是："没人能够反驳尼基塔·赫鲁晓夫这句自我炫耀的话：苏联成功地烧制了一条从地球通往月亮的轨道。"

社论的作者说的不错，没人能反驳这句话。但反驳这里是什么意思呢？首先，我们要把赫鲁晓夫的声明从他没有思考过的事情的角度来考虑：如果人诗意地栖居在大地上，就没有什么"地球"和"太空"。火箭所完成的不过是从技术角度实现了过去三个世纪越来越独断、执迷地设置(ge-stellt)成所谓自然的东西,和现在被设定为越来越全宇宙化、星际间的技术现实。火箭的轨道遗忘了"大地与天空"。它并不是运行在两者之间的。那篇社论应该这样开头:只有少数人,无"能"之人,今天才能够,并且愿意去思,在思考中经历到,这种世界之改变并非开启了什么"新时代",而是把一个业已存在的时代推向了它完全的极致。

今天,本真的、去探寻存在的原－相(Ur-kunde)的思想只能存活在"保留地"。(或许因为它的来源同印第安人的生存方式一样久远)。计算型的思维因其用途和成果可以直接发生效用,迷惑了时代精神,并由此以为自己的"真理"得到了证实,而沉思(das sinnende Denken)则很难与之抗衡。正因如此,才需要更加持久地撒下一些微不足道的种子,悄然无息却又无处不在,尽管大多数都会落到被技术思维所碾实了的路基里,然后被压过。

沉思必须保持在无功效之中,而且没有一副悲惨的外表。这种沉思指向何方,还不明朗。但它绝不可以忽视赐予它的恩宠:存在之言说,在极少数能成功时,也似说非说,若有若无。沉思闪耀在本质的经验领域,如晨曦守候了黑夜,给出白日——这一切都似有似无,好像什么都没发生。

但人们却想控制一切,而不再去探寻踪迹,因为这意味着去追寻一个在平淡无奇中给出的指引,来在注视中倾听它。

听是对先言(Vorsagen)的有保留的欢迎,是去－说(ent-sagt)未曾道说中的待说之物。

匆忙与惊讶：

前者由我们使然

后者击中我们

前者经营算计

后者不期而至

前者遵守一个计划

后者来拜访一个逗留。

还存在着一个可能性：现代技术本质（即集置，Ge-stell）的统治到了极致，反而成了其自身真理（即本有发生，Ereignis）澄明的契机，这样存在的真理才能抵达自由之境。这个开－端最后才到来。因为它还被保留着，我们因而就无权期待一种停止（Aufhören）意义上的终结（Ende）。

但只有我们在所有社会学、心理学和逻辑学的匆忙之间，为玄想和沉思保留自由的道路，我们才能应和那个可能性。

最低级的情感是仇恨，因为贬低了自己：是完全的不自由，并妄想成一种空洞的优越感。我们不要过早忘记了尼采 1886 年的话（WW．XIII，第 75 页）：

"反驳上帝——实际上只是反驳了道德意义上的上帝。"

对于沉思式的思考来说，作为价值的上帝，即使是最高的，也不再是上帝了。而神并没有死。因为他的神性还活着。与信仰相比，神性更趋近于思，只要神性作为在场者能从存在的真理那里获得其本源，而存在作为本有发生的开端是不同于存在者的根据和原因的话。——

在这个十字路口上：

语言在进入信息领域的跑道上，语言在通向本有发生的道说的途中。

21. 语言与故乡

谁都知道,这个报告的题目的意思是什么:语言,故乡。而当我们一开始追问,什么是语言,语言是什么样子的,故乡在何处,怎样才算是故乡,我们就陷入了不确定和无根基的状态中。当我们想对我们和语言的关系,我们和故乡的关系作出清楚而可靠的解释时,我们就完全束手无策了。此种尴尬困境无处不在,且很严重混乱,如果我们准备好了,愿意从上述的思想的事情,语言和故乡出发来思考,同时把对流俗观点的依靠像拐杖样放在一边。

然而,并没有一个普遍抽象的语言本身(*Die Sprache*),更稳妥地说:一种可以普遍被理解,并唯一具有有效性的世界语还没有出现,尽管有迹象表明,这种语言正在谋求统治地位,但这只是在很小的程度上才是依赖于人的计划与谋制(Machenschaft)的。

所以,语言依旧是独特的,各不相同的,命定般地诞生于不同民族和种族,在其中生长和栖居。同时,在大地上也没有个普遍抽象的故乡(Die Heimat)。故乡每次都是指这个或那个故乡,因此是命运。语言,就其支配性地位(Walten)和本质而言,都各自是一个故乡的语言,它觉醒于本乡本土之间,被用于父母家中,语言总是作为母语的语言。

语言在互相交谈中被说出,这在希腊语里叫作διαλέγεσθαι。

这是一种经过采集挑选的、每次都很独特的互相交谈,同时也意味着彼此倾听。采集是希腊语的动词διαλέγειν的源初的含义。这种采集挑选式的彼此交谈,这种双重含义的διαλέγειν就是作为方言(Dialekt)的母语。我们称之为地方话。① 这个称呼更突出了发声和语言的声音特征。与之相比,外来词方言则含义更丰富,如果我们能悉心仔细地使用这个词的话。

语言就其本质来源而言是方言。即使成了世界语也是如此。因为世界语也是采集挑选出来的,是特殊的。它的特殊性体现在其整齐划一的可理解性和普遍化的千篇一律,其中,低级的、不发达的语言丧失了其与生俱来的独特性,而所谓高级发达的语言的特性同样被否认了。

语言的本质根源于方言。如果方言是母亲的语言的话,那么家所在的乡土、故乡,也同样扎根其中。地方话不仅是母亲的语言,同时并且首先是语言的母亲。当我们开始注意到这个问题的时刻,我是说在我们所处的世界年代中的这一时刻,语言、母语、方言和故乡之间,被传承和流传下来的关系已经分崩离析了。人们好像丧失了其命定的语言,也就在这种意义上成了没有语言的人,尽管自从有人类记忆以来,还从没有出现像现在这样围绕着整个地球、毫不间断地各种讲话方式。人仿佛无家可归了,这种处境被尼采说中了。他在1884年一首题目为《没有故乡》的诗里预言到:

---

① "地方话"(Mundart):方言、土话。这个德语词的前一部分 Mund 是嘴的意思。

乌鸦尖叫

嗡嗡地飞向城里

——就要下雪了

不幸啊，那无家可归之人。

人们没有了故乡，尽管地球上已经几乎找不到一个完全没有人涉足和活动的地方了。即使是粗略地想想这些，就很容易联想到满目疮痍与败坏的情形。面对这样的威胁，我们自然会想去寻求一个拯救者，来给我们直接提供拯救，仿佛在一夜之间就可以找到，并由此保持住语言和故乡的本色。

只有我们先从整体上洞察了危险，亲身感受到了危险的力量，并且承认其所是，这才有可能给予我们拯救。因为情况很可能是，那些乍看上去像是堕落与毁灭，败坏与衰亡的，其中隐藏着别的、更高的东西。经过深思熟虑后，这很有可能成为推动不可或缺的沉思的契机，前提是，思想如从前一样，决定了所有的工作和行动。或许这种沉思也还有很长的一段路要走，以至于我们今人还无法测度它，其实只要我们能从一个微不足道的地方出发，先尝试着走上这条路，这就足够了。

语言与故乡——这种形式的标题中，有时一切都取决于那个不起眼的连词"与"。尽管还不是很确定，它却命名了真正的思想的事情，即把两者，一边是语言，一边是故乡，彼此联系起来，并承接住它们的本质关联。

为了尝试着来定义语言与故乡之间不确定性的关联，我们选择一条有利的路，因为它应和了事物的尺度。我们来听一首约翰·彼得·黑贝尔的《阿雷曼语诗歌》,去认真追思其中的道说的回音。语言在这里说的是方言,也就是说根植于一个地区,一个民族部落栖居于此,这里的山水也就成了其故乡。

然而,选一个南德的语言形式对于北德的故乡空间来说,难道不是一个错误得不能再严重的选择吗?似乎如此。对于你们中的大多数,南德口音非常陌生,而我则不熟悉北德低地德语的独特的言说方式。这混乱的情形好像没有任何希望了!但是,正是使你们感到陌生的,才适于让你们听出南德方言区别于低地德语的独特之处,由此体会到方言和语言的本质所在。

当然,为了在陌生中听出本己的,并在两者的差异中听到本质性的东西,在穿越语言的过程中需要一个引导,这里我们只能给出个不完美的引导,因为它局限于阿雷曼方言。我们现在想用耳用心来在沉思中体会南德方言,但为什么要选一首诗呢?下面我们将看到,这是因为在诗歌中,语言能以一种最突出的方式言说。诗人黑贝尔深知这一点,他在1802年给他的第一版《阿雷曼语诗集》所写的预订邀请函中说道,"民间诗歌,用民间方言写成",能让语言的"全部聚合结构和机理"显现出来(参见 J. P. 黑贝尔《著作集》,第一卷,第 197 页,W. 阿尔特魏格编)。为什么是这样,我们为什么从黑贝尔的《给乡土自然和民俗之友的阿雷曼语诗歌》中恰好选了《夏日傍晚》这首诗,诗歌本身及其附带的解读会告诉我们。一定是诗歌本身有什么东西使诗人决定,把它和邀请函一起发表,并附上说明:"这首实验诗《夏日傍晚》或许对判断其他的诗的品格大有帮助。"(同上,第 198 页)

我们现在来聆听《夏日傍晚》这首诗。我们洗耳恭听,对诗歌中的歌唱者,它的语言的旋律与节奏保持敞开,但不特意努力去理解人们通常称之为"内容"的东西。因为诗歌的语言中,言说的声音与回响并不是表面而已,更像是背景,是诗歌言说的源初的、本真的定调者,因此与所言说的内容的意义密不可分,并一起先决定了这种意义。

这个对倾听的指示含义是什么,一位来自东德上施莱辛地区的诗人J. v. 艾兴多夫,用寥寥数笔,就以无比准确的方式说出来了,这首短诗题目是:

探泉叉

万物之中都沉睡着一首歌
它们在那里不断地梦想着
而世界开始高歌
你就只能遇上咒符

同一个诗人还说过一句话,可以给我们一个暗示,指向我们追思的领域:语言和故乡。原文是:

我们渴望回家
却不知道,往哪里回?

(《J. v. 艾兴多夫诗歌集》。Insel 出版社,第一卷,第 81 与 219 页)

说这么多准备的话已经足够了,而黑贝尔的《阿雷曼语诗歌》自己的印记特征将与之完全不同。

你们手头可以拿本低地德语的翻译,作为权宜之计凑合使用。不久前,在黑贝尔 200 周年诞辰之际,雷克拉姆(Reclam)图书馆系列出版了一本标准德语的翻译,配上了阿雷曼语原文。以下的论述将表明,低地德语翻译,因为是方言,要比普通标准德语的(hochdeutsche)的译文更贴近原文,[1]尽管后者的作者很清楚地知道自己的界限在哪里。如果下面的报告不时指出翻译的不足,我并不是批评的意思,而是想指出,不仅是每个方言,每个真正的语言的生长都是独特的,因此是不可译的。

夏日傍晚

噢,看啊,太阳如此疲惫
看,她如何安静地回家
噢看,(她)如何一缕一缕地变暗,
她还拿着一块纱巾,
哦,是一朵云彩,蓝里透着粉红,
来擦拭额头。

是真的,她也有坏时候
在夏日,路那么漫长,

---

[1] 低地德语为北方的德语方言,而 Hochdeutsch 则是指全德通用的标准德语,不是南德方言(Oberdeutsch)。——译注

21. 语言与故乡　169

她到处都要工作
在房前屋后田地里,在山上和河谷里。
万物都期盼光与热
都在请求她的恩赐啊。

花朵被她装点,
用妩媚的颜色将它们打扮,
赠给蜜蜂以饮料,
并对它们说:"够了吗,还要不要?"
甲壳虫也急忙凑过来
伸出罐子要它的那份呢。

谷壳被她炸开了
成熟了的谷籽取了出来
迟到的鸟儿
也来乞讨,它们的喙磨得锋利了吗?
没谁空腹入睡
它们的嗉囊都填满了。

树上的樱桃在微笑,
她让它们的脸颊通红;
地里的谷穗随风摇曳,
木桩上葡萄藤缠绕,
太阳刚照料了它们,
让它们花繁叶茂。

在晒衣场上她也在工作,
兢兢业业,不遗余力。
漂白工可高兴着呢,
但却一句感恩的话也没说。
一个妇人晒了衣,
太阳就忙着晒这儿晒那儿。

就是这么回事,她无处不在,
整个山谷,镰刀
在野草和麦秆间飞舞,
马上就有了新鲜的草料。
确实就是这么回事,真的,
清晨的草,傍晚的料!

怪不得她这么累,
不要夜曲就能安然入睡;
也难怪她气喘又流汗。
看哪,她坐着山顶上的样子!
现在,她做出最后的微笑,
说道:"大家晚安!"

她终于落下了!上帝保佑你!
站在教堂塔楼上的公鸡,
他还没够,依依不舍地看着她。
你无事生非,有什么可看的呢?

果不其然,她马上振作起来,
拉起了红色的帷幕!

她令人同情,这个好心的妇人,
她还真地有她的家庭烦恼呢。
与她的男人不能和睦相处,
她回到家,他①就拿起帽子出门;
我说的没错,他已经来了,
在那儿,坐在松林里。

他耽搁了这么久,是在干什么呢?
照我看,他就是没胆量。
出来吧,她不在了。
就一会,反正她也入睡了。
现在他起床了,开始巡视山谷,
到处都是青蛙问候他。

我想,我们也该入睡了,
谁没做亏心事,
入睡也就不用小夜曲;
一天的劳作已经够累的了;
我们已经堆好了许多小草堆,
为此,愿上帝赐予我们晚安!

---

① 他这里是指月亮(der Mond)。——译注

刚听到的这首诗能给我们所思考的主题,语言与故乡,提供什么启发吗?几乎没有。即使我们按照通常的做法去分析诗歌的形式和内容,也没有什么启示。人们说的形式指的是格律。诗句是四部短长格写的。整首诗分十二节,每节六行。举两个例子就以解释清楚诗的格律:第一节的前三行和最后一节的第一行。

全诗是以这样的节拍开始的:

噢,看啊,太阳如此疲惫
看,她如何安静地回家
噢看,(她)如何一缕一缕地变暗,

诗的格律像是一个正好的容器,把这种方言语言的声调和动感抓住。可能确实如此,所以黑贝尔大多数诗歌都是用这种短长格写就的。这种格律把阿雷曼方言的独特旋律表达出来了,当然这听起来比描写起来更容易。

但我们其实并没有按照韵律的节拍把诗读出来。但还有其他读法吗?诗人自己在诗开始给出了一个不起眼的暗示,我们很容易就忽略了。

在"噢"之后是一个逗号;它要求我们几乎还没开始就要停下来,并给出指示,重读"噢",而且是一种惊讶的语调。噢,看啊,……这里短长格消失了,几乎被反了过来,因为啊(doch)是长音,而按照音步这里是短音才对。噢,看啊……不仅是诗的引子,它的音调回响在整个诗中。这个啊里含着一个呼唤,让我们放弃漠不关心,放弃对平凡的日常事务的忽视,而去看到其中的令人惊讶的东西，不仅如此，还要保持这种注视，并在这瞬间的闪光中沉思地驻留。

因此就有了这前三行诗里反复出现的看(lueg)。"luegen"是古高地德语词，今天主要是在阿雷曼方言中。意思是：认真地、驻留地注视，让……显现在光中，并在其中驻留。黑贝尔偏爱"看"这个词，是看重其全部的、丰富的言说力和表现力。第一和第三行的开头都是：噢，看；但第三行的噢后面没有逗号，而且重音落在看；第二行里，看，她……，同样短长格的音步被忽视了。

第二个相关的例子是最后一节的第一行：

我想，我们也该入睡了，

我们没有按照音步读成"我想"(Denk *wohl*)，而是"我想"(*Denk* wohl)；这是一种方言用法，在今天的日常用法中还很普遍。在所引的这句诗中，尽管短长格律贯穿整句，主重音却落在也(au, auch)上面；我想，我们也该入睡了。通过这个强调，我们人的行为（回归寂静）就与回家和日落相应和起来。

这些例子表明，诗歌里方言的言说中，在这种语言的整体里活跃着一种与诗的格律相反的运动。诗从中获得了它方言声调的独特的丰满和命定的结构。

诗歌中这种反向的运动是从何而来的呢？如果不是从它的格律形式，那么大概可能就是从他的内容。但这里什么是内容呢？对现成的，已发生了的事件给出恰当或不恰当的信息，可以被我们称之为陈述句。它确认了提前给定的东西。这里被呈现的东西就是陈述句的内容。但诗歌的言说不是陈述句。因此也就没有内容。我们如果要反对这个论断，可以简明扼要地指出诗里讲的是什么，即太阳结束了一天夏日的工作后落山，月亮升起，而人们在一天的劳作后睡去。这当然没错。但这样所表述出来的是诗歌创造吗？这至多不过是对诗歌的言说作出了一个报告。也就是说，诗歌也有所言说！当然。但它的言说不是通过上面提到的陈述句的方式。

我们来仔细看下已经听过了的第一节和最后一节的开端，它们一首一尾，合成了诗的整体。

噢，看啊！与我想，我们也该入睡了很显然都不是陈述句。第一句是一种要求，第二句是建议。但这两种称呼都不恰当。它们太生硬粗糙。我们不想在作出这个否定性的判断，即诗歌的言说不是陈述句，就满足了，而且这个判断也还是没有充足的理由的。因为还有与刚刚引用的两节诗的开端不同的诗句可以作为反例来论证，它们不仅有明显的陈述句的形式，还带有陈述句自古以来的标志。我们指的是第二节的第一行和第七节的第一行。

是真的，她也有坏时候

这里说的是太阳：原来她也有一段"坏时候"（即现在夏天）；"坏时候"（übel Zit），无论是标准德语还是低地德语都没法表达其全部意思。首先，诗里说的不是"一段"坏时候，而就直接是坏时候。它指的既不是一段时间，也不是一个时间点。时间这个词所指向的正是第四节第二行所说的：

Meng Somechöpfli het sie gsprengt,

und's zitig Sömli use glengt.

迫不得已硬翻译成普通德语就是：

一些谷壳被她炸开了

成熟了的谷籽取了出来

成熟的(Zitig)意思是：是时候了，做什么事情时机成熟了。为成熟的含义提供了最美的注解的是黑贝尔的另一首诗，这首诗就其强度和范围来讲，可以说是他的最伟大的一首诗。题目叫作《维泽河》(*Wiese*)。这是一条河的名字，发源于黑森林的费尔德山，在巴塞尔汇入莱茵河。我们在普通德语里把长满草的平地叫作草地(*Wiese*)，但阿雷曼语里是 Matte。在诗歌的语言中，维泽河是以一个朝气蓬勃的少女形象出现的，她与发源于圣格特哈德的莱茵河，这个瑞士少女在巴塞尔交汇，举行了婚礼。对我们来说，下面这句尤为重要：

Feldbergs Tochter los, de bisch an Tuged und Fehler zitig, chunnt's mehr halber vor, zum Manne, wie wär's echt?

（阿尔特魏格编，第一卷，第 51 页）

标准德语是：

> 费尔德山的女儿啊，听着，无论是品德还是过失，我觉得你都够成熟了，去找个男人，这样可好？

成熟(Zitig)，意思是，适于，可以去，做什么事情时机成熟了。与此相应，方言里今天还有个反义词"坏时候"(übelzitig)，即对于某种情况和任务还不够成熟，处于一种滞后的，不合适的，吃力的和勉强的状态。这个意义上，太阳也有坏时候，她被过度征用透支了；第二节的最后两句是这么说的：

> 万物都期盼光与热
> 都在请求她的恩赐啊

值得注意的是：无论是从大地还是人，到处都在言说着一种召唤。这里语言笼罩着一切。翻译这里又不灵了。

重要的是要解释清楚"坏时候"这个表达方式，而且，由此我们注意到，时间(Zit)意指的是正确的、合适的时间，而不是可以计算地被表象，用钟表可以测量的时间进程。但奇怪的是，阿雷曼语中的怀表，或者是袋装表叫"小时间"(Zeitlein)。然而，恰恰这个名字告诉我们，钟表只是为了显示每次去做还是不做某件事情的正确的、恰当的时间，它不是计时器。

你们中的一些人肯定会问，为什么我们如此繁琐地解释"坏时候"这个表达方式，我们原本不是想知道那句引用的诗是不是陈述句吗？要想对此作出决断，我们恰恰需要这种解释；因为"坏时候"好像是作了关于太阳的陈述：她过度地被征用了。

……她也有坏时候

在夏日,路那么漫长,

这是按照报告或描写的方式来确定一种太阳的现成状态吗？不是。诗歌的语词中没有重现提前被给定的事物,而是通过诗的言说,那种本质性地属于夏日太阳一天劳作的东西才被给予我们。这里没有对太阳作出论述；而是通过诗,太阳才被提前道说给我们,前提是,我们能听得到那诗性的道说。

然而,第二诗节的第一行开头却是"是真的"。这好像意思是：是这样,是正确的。

这种解读忽视了这个短语的诗性特征。第二节开头的"是真的"好像承接住了整个第一节,发出回应,这样,被之前的三个看（lueg）带入逗留和聚集的目光中的东西,即疲惫的太阳回家,就被充分地表现出来。

但同时,"是真的"也向前预言了第二节和以下几节,这几节把太阳一天丰富的劳作呈现出来,并由此让我们看到太阳疲惫地回家的原因所在。"是真的"并不是要确保对一个事实的陈述是正确的。相反,在诗歌中,从方言的语义来考虑,这个短语把听众的目光召唤到一个开放的场域,这里太阳整天的工作都被去蔽展现出来。"是真的"意思是：开放地自我显现,即看（lueg）所应该注视到的东西。这个表达方式的此层意思在第七节的开端得到了强化。"是真的"这里又出现了,这不是偶然。因为到第七节,关于太阳一天劳作的道说才告一段落。诗句把夏季太阳最愉悦的恩赐和最大的烦恼通过诗意的、有魔力的形象展现出来,如同镰刀在河谷里的野草的草茎间，在草地和麦田间飞舞。因此这一节不是像第二节以"是真的"开始，而是以"确实是真的"（'s ish weger wohr）开始。"确实"（weger）从词根来看是"真"（wahr）的加强比较级，意思是显然，很明显的。"weger"和"wegerle"是很典型的高地德语词汇，在上施瓦本地区还在被使用，当然只是还有老人在用。Weger wohr 意为：完全公开，很显然。"完全地公开和很显然"意义上的"确实"与自我显现给注视的目光的显现者的内在关联，在黑贝尔的一首诗里以很优美的方式展现出来，这首诗收入到国民中学的教材里而被人熟知。诗名为《月亮上的人》（阿尔特魏格编，第一卷，第 72 页以下）。就像大多数黑贝尔的诗一样，这首也是一个对话：作为互相交谈意义上的方言。这里，一位母亲在夜晚来临之际与她的小儿子交谈。请听第一节：

"Lueg, Müetterli, was isch im Mo?"
He, siehsch's denn nit, e Ma!
"Jo wegerli, i sieh en scho.
Er het a Tschöpli a."

普通德语为：

看哪，妈咪，月亮上是什么？（小男孩）
嗨，你难道没看见，是个人啊！（母亲）
是，确实是，我也看到他了。（小男孩）
他穿着个夹克呢。

又是"看哪"(lueg),由此想把母亲驻留的目光引向月亮。这有别于"看见"(siehsch),是把什么东西看作什么的看。所以母亲回答道,"嗨,你难道没看见,是个人啊!"(He, Siehsch's denn nit, e Ma!)嗨(He)的意思是:确实如此。在附件的巴塞尔地区人们说"je",而在上施瓦本地区是"ho"或"Ha no"。要阐释这个在方言中经常使用的"he"和其在方言语调中独特的亲切感,我们可以参考黑贝尔的诗歌《长庚星》的一个美妙的诗节。这颗星在诗中显现为一个小男孩,追随着太阳母亲的路,在天空上从早到晚。太阳从东面的黑森林升起,向西可以看到佛格森山和敞开的莱茵河,维泽河穿越维泽河谷向莱茵河流去,小男孩对母亲说:

> ……噢,妈妈,快看啊
> 那下面晨露中的闪烁
> 美丽的仿佛就在天堂谷
> "嘿,"她说,"还不是维泽谷。"
>
> (阿尔特魏格编,第一卷,第151页)

"嗨"——确实如此,那下面的闪烁自然美丽,因为是维泽河奇妙的河谷——那正是诗人的故乡。在《月亮上的人》里,在母亲让小男孩仔细去看时,他是这样回答的:

> 是,确实是,我也看到他了。

是的,月亮上的人很容易就可以辨认出来,他是如此清晰,以至于小男孩都能看出：他穿着一件厚厚的棉衣。

《夏日傍晚》第七节开端的"确实是真的"只有在与同一节倒数第二句的开头一起来听时，才能真正完全地向我们言说：

就是这么回事

这比下面的翻译的意思要丰富得多：这确实表明了一些事情。因为这么回事(e Sach)在方言里不是指任意一件事情，而是指非同寻常的事情，有其独特的相关性，即它的神秘。这层含义在"确实是真的"（'s ish weger wohr）中可以听出来。这样的事是公开明显的，但又不是完全可以被认知的，而是保持其神秘性，让人惊奇不已。

让我们回顾下整首诗的基调，诗的开始是"噢，看啊"，噢，请放弃想确认正确事物的执着吧。醒来并去倾听道说吧，道说不是陈述。因此，如果我们在诗中去搜寻句子中可理解的内容，那我们就听错了。

如果诗歌不是陈述，但依旧是语言，那么它怎么言说呢，言说的又是什么呢？不知不觉中，我们已经追寻了道说的方式，它是从方言里说出来的。可以想见，方言要比普通话和被磨平棱角的通用语言更加诗性。

诗性的，这意味着一种道说（Sagen）的方式。以上精心挑选的几个例子已经把诗歌的道说同对现成物的断定性的陈述句区分开来了。诗歌的道说被理解为先言（Vorsagen），让本质性的东西及其统摄力显现给我们，并将其许诺给我们，这样就在语言中得以保留。这种道说的基本特征是构建（Bilden）。"构建"可以追溯到古高地德语的动词"pilon"，意思是顶，推，推出来。构建就是带出来（Her-vor-bringen），从遮蔽和自身遮蔽物中带进到无蔽和敞开。按这种理解，被带出来的和被构建的就是构造物（Gebild）。倘若它显露出来，并得以闪现（Scheinen），它就会有个外形（An-blick），作为构造物，它也是本源意义上的形象或图像（Bild）。与之相反，模仿和复制仅仅是次生的含义。这层含义隐藏在拉丁词 imago（像）里，与其相连的词干 imitari 有模仿，仿制的意思。相反，来源于希腊语的 Ikon（圣像）却有更深的含义，它的词源是动词εἴκω，意思是在某事之前退让，退后，这样让这之前的事物（Wo-vor）来临，并由此显现。图像在源初意义上从属于作为带出来或产生（Hervorbringung）的构造物，而不是反过来。

我们德语的动词言说（sagen）的古义是显示（Zeigen），即让以任何形式存有和在场的事物得以显现。言说是一种源初的创造或"带出来"（Her-vor-bringen），它承载着、伴随着并决定着所有样式的人类创造，即构建。因此，我们称道说为诗性的，如果它比普通的言说更有显现性，也就是说更有创造性，不仅是程度上，而且是本质上。

诗性的道说，更显现（zeigender）的显示让事物闪现，但不是现成物和发生的事件，不是提前给定的，而是在诗性的言说中才被给出，带出来，被构建。在诗性道说中所说出来的没有内容，而是构造物（Gebild）。

那么在《夏日傍晚》这首诗的构造物里，什么进入了图像呢？倘若我们想要回答这种类型的问题，或许我们可以尝试着去勾勒诗歌构造物的轮廓。从形式上看,这种做法类似遵循诗节顺序的内容说明。然而,我们现在唯一要注意的是,被创造出来的构造物是如何被建的,在这个建造中,哪些场域被显现出来。只要我们想在我们对诗性言说的沉思中阐释语言本身,我们很快就可以得到启发,即关于如何思考《语言与故乡》这个题目给出的问题。

诗歌是道说的构造物,它自身显现。从这里出发可以说明,为什么诗要在形象中言说。

第一节把太阳这位疲惫的妇人的返乡带入视野,即她如何落入既隐藏又守护的寂静中,同时寂静的地带一直保持着它的神秘。

看,她如何安静地回家:在驻留中沉思,太阳是如何回家的。在低地德语的翻译中,恰恰这句诗没有被表达出来。太阳落下的地方,月亮升起的地方,这正是故乡,第十节的一句诗是这样说的:

> 她回到家,他就拿起帽子(出门)

J. P. 黑贝尔是个含蓄的诗人,因此我们可以大胆地猜测,这个句子,看,她如何安静地回家还有弦外之音,即故乡把太阳往下拉,召唤她回到自己这里。

第二节显示了太阳劳作的时间游戏空间(Zeit-Spiel-Raum)。在夏季,从日出到日落是很长的一段路。到了冬天,她休憩的时间则很长。这就是诗人在《一月》这首诗里所思考的。其中的一节是(阿尔特魏格编,第一卷,第130页):

> 真的啊,没人知道她在忙什么,

每天早上都在哪。
夜晚越长,白天越短,
才知道,她如此贪睡,
夜晚要是驻留到十点钟,
她姗姗到来,已是十一点钟。

诗节描写的是这样一个场景:在黑森林幽深的山谷中,太阳很晚才爬上山,又很快从对面落山了。一片宁静中,农庄显现,那里的生活好像沉睡了。

《夏日傍晚》的第二节同时展示了工作的活动空间,在房舍,在田野,在山上,在山谷,太阳都在辛勤地工作。因为这个时节,万物从四面八方都来请求她的赐福,求她施与饱满的生长和收成。在接下来的第三到第七节,她丰富的恩赐展现到我们眼前。大地与人类劳作的领域交织在一起,层次分明,构造清晰地呈现出来,而且是作为太阳与天空所赐福之物。第四节显现的是草地上野花的色彩斑斓,其间穿梭着勤劳的蜜蜂和甲壳虫,生机勃勃。第四节是田地上的萌芽和生长,前来寻找谷物的鸟儿的拜访也带来的生机。

第五节把我们的目光引向了房前屋后花园里的樱桃树,田地里的麦浪,山坡上缠绕的葡萄藤,一切都是枝繁叶盛,花枝招展。

第六节让我们的目光转向男漂白工和洗衣妇人的工作上。最终,第七节把一切都汇集到夏季太阳最愉悦的恩赐和最大的烦恼的一瞬间:原野和麦地里的收割;要知道,至少是在以前,这在山坡上最艰苦、最漫长的整日劳作曾是一个真正的节日,其间穿插着少女少男、男人们和女人们的互相呼喊,一片生机盎然。所以,黑贝尔在一首很美的诗《启明星》中的第四节说道（阿尔特魏格编，第一卷，第62页）：

> 割草人与启明星
> 早早起床，愿意醒来
> 凌晨四点的活
> 到了晚上九点会让人舒服

第三节到第七节展示的是大地和终有一死者在天空下、大地上的劳作，之后的第八节把目光从大地引向森林覆盖的山顶，红的日球在落山前还会再停留片刻，告别的太阳发出最后的问候，把傍晚的天空也拉了下来。在低地德语的翻译中还是没有把第八节这个恢弘的意象翻译出来，或许是因为这个地区没有山。诗人在第四句说：

> 看哪，她坐在山顶上的样子！

聚集的目光逗留在这个形象上吧，看太阳如何缓缓落山。这是个刚在田地里工作完走在回家路上的农妇的画面，她再次坐在田间路边休息。

第九节里，晚霞令人沉醉的余晖绽放开来，早就已经开始照耀教堂和家乡村庄的中心了，这样，就让村庄自身也进入了画面。

然而，天空与大地紧密相连这一景象不会完全地闪现出来，如果不是第十和第十一节里的道说中显现了夜晚的星空，月亮升起，俯视大地。

黑贝尔用玩笑的口吻说,太阳一回家,月亮就离家而去;因为对他来说,月亮是"总守夜人",必须夜晚在天空中履行其职责,一如白天太阳的劳作。

> 她还真的有她的家庭烦恼呢。

诗人用的是"家庭烦恼"(Huschrütz)一词,而不是简单的"痛苦"(Leid),这说明,他同时以玩笑的方式对待这重负,认为这烦恼属于真正的农庄家庭生活。修饰词"真的"(redli)意思是合适的,有双重含义,有力的和恰当的。与之相应,《冬天》这首诗的开头是(阿尔特魏格编,第一卷,第102页):

> 谁在上面兜售棉花?
> 他们已经倒出了很多
> 到花园里和房子上;

黑贝尔把月亮在山顶松树林后踌躇犹豫的上升神奇地描写出来,这只有在诗人家乡居住的人才能体会到。或者是反过来?对于当地的人来说,只有在诗歌塑造的构造物的光照中,才能让月亮升起的独特的静寂和壮观纯粹地闪现出来?

诗的最后一节言说的是必死之人在夏日傍晚时分,这样就与第一节遥相呼应。割草的工作一直持续到了夜里:

> 我们已经堆好了许多小草堆,

176 我们刚把没有收进来的草堆成一小堆一小堆,防止露水和雾气(阿雷曼语的"香气")以及雨水淋湿。Schöchli 是"Schochen"(草堆),"Schock"的缩小化的昵称形式。

为此——是因为一天的辛苦和工作,上帝才赐予我们晚安。人们必须为此向上帝做出请求。与人不同,天上的太阳更接近安静的神灵,所以自己就能得到夜晚的安宁。

现在我们已经把在诗歌构造物中闪现出来的事物悉数列举了,看到了诗节排列构造上的一些特征。我们现在把列举放在一边。因为我们要以更留心倾听的姿态回到诗歌里去。

我们来注意下构造物中的结构。我们苏醒于大地与苍穹相融之处。我们觉察出自己是大地之上和天空之下的人。但这样,我们还没有把握住诗的整个构造物。我们错过了什么呢?J.P.黑贝尔自己并没有告诉我们。他的言说方式按照上面的看法也一定会保持沉默的。但沉默背后的东西依然通过被言说出来的发出自己的声音。这就是黑贝尔所称之为安静的神灵的声音。它与大地,天空和人一起构成了诗歌构造物的全部领域,并在诗中闪现。

这个领域的整体和谐还能找到比方言更切近、更亲密的言说方式吗?因此,方言要比日常语言更诗性。但方言诗与方言诗也不尽相同。一种是描述或颂扬这个语言区的风土人情。另一种则把它的全部带入诗歌的构造物,将其创造出来,然而在其中,自我隐藏者本身也出现,而我们自己也会被带入这神秘的显现之中。

177 一种方言诗不过是使用和利用方言作为偶然的情绪的表达方式。通过另一种真正的、伟大的方言诗歌,方言的本真的诗性本质才得以展开,而方言则被带入到其语言自身尚未被言说的丰满、辽阔和清晰之中。这种未被言说的语言自身进入到诗性的构造物中,作为一个驻留物而被创建出来,它会持留下去,即使人们已经听不到了,它也会作为源初语言在方言里余留下来的回音而持留下来,并与通用的世界语有着天壤之别。

J.P.黑贝尔深知方言与源语言的这种关系,也就是说这种命定般与大地息息相关的语言的诗性特征。

在《阿雷曼语诗歌集》出版的两年前,他给他非常亲密的朋友西辞格的一封信(1801年2月6日)是这样开头的:

> 为了补偿工作时间的无趣,我的业余爱好竟打开了一片专门的领域。我在研究我们高地德语的语法,并将其转化为诗体——简直是伟业(herculeum opus)啊![①]——,并且用各种各样的格律,我在这古德意志源语言的坍塌的废墟中寻找它的轮廓和结构的踪迹,并打算马上促成一个小集子问世,收集一些这样的诗歌,加上简单的语法和一个标示出词源的习语目录。

黑贝尔在他的信中将他的诗集称之为"森林之子"。一个"林中人"是个来自黑森林的人,并把他的出身归于这片山水中的"房屋,田地,山峦和河谷"。人们经常会注意到,黑贝尔的诗只限于《阿雷曼语诗歌集》这个小册子。但小册子其中却隐藏着诗人的伟大。黑贝尔感受到了阿雷曼方言的诗性力量,它好像自身就是诗

---

① Herculeum opus 原意是指古希腊英雄赫拉克勒斯的十二件伟业或工作。——译注

意泉涌的,所以真正的诗人必须克制和自我约束。

因而,诗人才是最能应和四重整体的单纯结构的,而四重整体是在诗歌的构造物中才被言说出来的。只有当我们仔细思考诗歌是如何打开我们投向四重整体的目光,让我们倾听它的亲密的和谐时,我们才能更有备而来,去触及一个问题;阐明这个问题就会超出这个报告的初衷和任务范围,但它还是使我们所有人感到不安。

粗略地说,《夏日傍晚》这首诗是在把太阳比作一个黑森林的农妇这个比喻中展开的。那首伟大的《哈贝母斯》(阿尔特魏格第一卷,第 104 页以下)与我们现在讨论的《夏日傍晚》以一种特殊的方式共属一体,黑贝尔那首诗里是这样说到太阳的:

"多么迷人的女人啊,却又如此善良而友好!"

迷人(toll)意思是:美丽而非比寻常。这首诗是用下面这个意象来描写天空与大地的关系的:

这时,太阳在梳妆,当她洗梳完毕,
便从山后面升起,手里拿着编织物,
沿着天上的公路,扶摇直上,
一边织,一边往下看,就好像一个慈爱的母亲
照看着她的孩子们。她对嫩芽笑着,
这让他惬意温暖,直到他的根下
"多么迷人的女人啊,却又如此善良而友好!"
但她在织什么呢?原来是从天上的香气中编织出云朵!

日出前，朝霞在山顶的闪耀就是太阳夫人梳理她的金色辫子的样子。梳理（strehlen）与光线（Strahl）相关，意思是梳发。Strehl 就是梳子。太阳梳妆完毕后，从山后升起来，还带着她的编织物和织针。太阳光线现在是织针，太阳用它来编织。织什么呢？从天空的露水中编织出云朵。然后，她沿着天空的马路往上走，傍晚时再落下回家。她一边织一边看着大地，好像一个慈爱的母亲在编织时也经常地看一眼在她周围玩耍的孩子。

谁能否认，这里同《夏日傍晚》一样，太阳被比作慈母般的农妇？或者相反，农妇和母亲在场的本质显现为天空中的太阳这一宏大的形象？这里真的把一件事物比作另一件了吗？或许诗并不是在比较中言说，而是比喻。比或者相同（gleich）源自 gelich，意思是汇集到同一种特性（lich）中，同一种形象（Gestalt）中去。

然而，什么是诗中这同一的形象呢？太阳还是农妇？还是两者共有的一种同一（das Selbe），既不只是天空（太阳），也不只是大地和人们？太阳和农妇在同一中被诗意地创造出来，这难道不是诗歌所言说的领域的和谐一致吗？因此可以说，太阳并没有简单地人性化或拟人化了。因为我们必须得追问，我们在过急地讨论人性化时，人这个词是什么意思？他难道不是本来就被那个领域定调了吗，那个在诗歌的构造物里显现的领域？

一旦我们以恰切的方式追思这些思想的事情，我们就会注意到，比较（vergleichen）的概念过于草率，比喻的本质还不清楚。所有这一切当然有其久远和深层的历史背景。从古至今，自从古希腊的逻辑和语法兴起以来，人们就从确定性的陈述句来定义语言的道说。照此逻辑，一切在语言上超出了逻辑句子内容的东西都被视为空洞的修辞装饰而已，仅仅是增补的改写，或作为转义（隐喻）。

但如果事情根本不是这样呢，如果诗性的道说更源初，陈述句反而是非诗性语言的言说呢？这种猜测已经多次被表达出来了；但这一猜测的思想还没有从其本质领域来被透彻思考过。我们可以接近这个领域，如果我们把方言的诗性道说经历为早就已经被我们看到的（immer schon gesichtet ist）的东西，因此可以被称为是面容自身（das Gesicht schlechthin），即使我们没有注意到。我们可以把这里展开的单纯关联用一句警句来总结，即：

只有构造物才持留住（也就是保留住）面容。
然而构造物静息于诗。

这就是说，诗性的道说才把四重整体的面容带出来，让其闪现。诗性的道说才让终有一死者栖居在天地之间和神性面前。他们的诗性的道说才开端性地为一个与大地息息相关的地带创造出庇护与关爱，保护与慈爱，而此地带才能够成为尘世途中，栖居的人们的逗留之处。

语言的诗意的本质，是最隐秘的，因而也能伸展地最辽阔，并在紧切的馈赠中带来故乡。这样一来，（本文的）题目《语言与故乡》就得到了它最恰切的定义。它可以是这样，必须是这样的；不是上面的：语言与故乡，而是：

语言作为（als）故乡。

22. 关于伊戈尔·斯特拉文斯基

尊敬的施特罗伯尔博士先生！

考虑到您的请求，我就为您破一次例，打破我为自己立下的不回答民意调查的规矩。

一旦我们回想一下古老的智慧，即我们只了解我们喜欢的东西，那么，您的两个问题，仔细想来，其实只是一个问题。这样看来，我只了解伊戈尔·斯特拉文斯基的两部作品："诗篇交响曲（Psalmensymphonie）"和按照安德烈·纪德的诗歌改编的情节剧"珀尔塞福涅（Perséphone）"。两部作品都以其各自的方式将古老的传统带至新的当下。它们是最高意义上的音乐：即由缪斯赠出的作品。

然而，为何这两部作品本身不再能够创建起它们所归属的场所（Ort）了呢？这个问题与斯特拉文斯基艺术的界限无关，它毋宁关乎对艺术本身命运般的（geschickhafte）规定，也即是说，对思和诗的规定。

最良好的祝愿

您的

马丁·海德格尔

23. 致勒内·夏尔
为了纪念伟大的朋友
乔治·布拉克

(欣赏石版画"情书"(Lettera amorosa))

唯一恰当的对他的艺术的解释
是艺术家本人赠给我们的,通过
把他的作品完成到微小的单纯(das geringe Einfache)中去。

  这在杂多转变为同一者之纯一性(die Einfalt des Selben)的过程中发生,而真显现在其中。

  杂多向着纯一性的转变乃是那种让不在场(Abwesenlassen),由此,纯一之物(Einfältige)现身在场。

    不在场去在场之蔽
    死亡带来切近。

        致以友好的问候
          您的
        马丁·海德格尔
      布莱斯高的弗莱堡,1963年9月16日

24. 阿达尔贝特·施蒂夫特的《冰的故事》

下面的文本摘自小说《我曾祖父的公文包》。诗人在这部作品的不同版本上下了很大功夫，甚至在病榻上也没停止，直至逝世。关于这里所选的《冰的故事》的一节，施蒂夫特在一封1846年年底给他的出版商哈克纳斯特的信中这样写道："我相信，冰的故事……必将产生深刻的影响。"

施蒂夫特在之前的几节描写了医生和他的随从托马斯滑雪橇去给病人看病，在这次冬日行程的结尾发生了如下故事：

"当我们终于到了露水谷口，森林从高处向下伸展，并开始朝我们走的路上蔓延，我们突然听到，在向上高耸的山崖上，一棵黑黑的树发出怪异的声响。这是我们从来没听过的声音，好像成千上万支玻璃棒混在一起摇动，并在这混乱中荡至远方。黑树在我们右侧，但距离很远，所以我们无法清晰地辨别是什么声音。在这天地之间的一片寂静中，听起来格外地不同寻常。我们又走了一段，然后停住了我们的栗色马，它本想奔回家的，或许也想从这鬼天气中逃回马厩里。我们终于停下来,空中只听到飘忽不定的呼啸,除此之外,一片寂静。这呼啸和远方的狂风咆哮却有不同,后者我们透过马蹄踢踏的声音也能听到。我们继续走,越来越接近露水谷的森林,最后终于看到了一个昏暗的开口,一条路通向里面的小树林。虽说是刚刚才是下午,灰色的天空还是明亮的,还是可以看到太阳的微光垂射下来,但毕竟是冬日的下午,天色如此阴郁,我们眼前的白色原野也开始褪色模糊了,林中暮霭好像开始笼罩起来。然而这不过看上去是暮光而已,实际上是雪的反光与成排的黑暗树木相映衬的结果。

当我们要进入隆起的森林时,托马斯停了下来。我们眼前矗立着一棵细长的杉树,弯成一个环,在我们的路上形成了一个拱顶,好像人们在欢迎入场的皇帝。几乎无法形容挂在树上的冰,它的沉重感何等壮美。针叶树如同烛台一样,无数支巨大无比的蜡烛反过来,朝下耸立。所有的蜡烛都闪烁着银光,烛台本身也是银色的,但并不是直的,一些烛台朝不同方向倾斜。先前我们在空中听到的呼啸,现在我们已经听熟了;它不再是在空中了,而就是在我们中间。并且在整个森林的深处不间断地飘荡着,间或传来树枝和丫杈断裂、落地的声音。当周围一切都凝滞不动时,这显得尤为恐怖。一片银光闪闪中,树枝和针叶纹丝不动,除了那弯曲的树,过了一会由于冰柱的流淌汇集而变矮了。我们等待着,观望着,不知是惊奇还是害怕进入这个事物(Ding)中去。我们的马想必有了类似的感受,因为这个可怜的家伙谨慎地收起四蹄,动了几下,把雪橇往后推了一些。

我们站在那里观望,一句话也不说,这时我们又听到了什么东西落下来的声音,跟我们之前听到的两次一样。现在我们已经熟悉这声音了。首先是一种清脆的断裂声,像一声尖叫,接着是短促的呼啸声,嗡嗡作响或咆哮而过,然后是一声沉闷的轰轰隆隆的巨响,一个粗大的树干应声倒地。这声巨响如同一声吼叫穿过了整个森林和茂密的,冒着蒸气的树枝;还有一声铃响以及闪光,仿佛无数玻璃被推在一起摇动——然后一切又归于平静,树干混杂在一起,高高矗立,一动不动,沙沙作响的风声静谧地延展着。当距离我们很近的一条树枝或一块冰突然掉下来时,是很奇特的现象;看不到它从哪儿掉下来的,只能瞥见银光一闪就落下来了,听到撞击声,但看不到因冰落下而变轻后向上弹起的树枝,然后就恢复了之前的凝滞。

　　我们心里清楚,要滑到树林里是不可能的。路上到处都可能被折断的树拦住,也没法绕过,因为树密密麻麻,杉针叶都混杂在一起,而雪已经涨到枝丫和灌木丛那么高了。如果我们掉头回去,沿着来时的路往回走,这期间也有可能折断的树把路拦住了,那样我们就深陷其中出不来了。雨雪不停地下,我们已经又被完全包裹住了,不把覆盖的一层冰敲碎,我们就动弹不得,雪橇已经很沉重滞涩了,马不堪重负。如果树上再多一盎司重量,就会倒下,而且树干会折断,冰柱的尖,如果楔子一样,就会掉下来,我们前面的路上就可以看到许多,散在地上。我们站在那里时,远方又能听得到沉闷的倒塌的声音。我们环顾四周,想找到我们来时的路。整个的田野和这片地区都见不到一个人和其他活物。只有我和托马斯，还有我们的马孤单单地处在这宽阔自由的大自然中。

我对托马斯说，我们必须原路返回。我们下了雪橇，尽可能地抖干净我们的衣裳，并把马身上的毛上面挂的冰除去。我们感觉现在结冰比上午快很多，或许因为我们当时仔细观察了这个现象，所以这个过程会显得比下午慢了许多，而下午我们还有许多其他事，过了一阵才会注意到冰又堆积起来了；还是因为天变冷了，雨也更密了。我们不知道是什么原因。马和雪橇由托马斯调转过来，我们就尽快地朝离我们最近的客栈驶去。"

在接下来的章节里，施蒂夫特讲述了，医生和他的随从如何把马和雪橇安顿在那最近的客栈里，然后他们怎样徒步借助登山杖和冰爪回到诊室的。

"我们总算走出来了，站在山丘的草坪上，我们朝山谷下望去，我的房子就在山谷里。夜幕已经降临，但我们离家已经很近了，没什么可担心的了。透过浓浓的白灰的云雾，我们看到了我的房子，一缕青烟笔直地向上升，也许是我们的女管家玛利亚升起了灶火，为我们准备了晚饭。我们穿上冰爪，慢慢走下去，直到走到平地，然后又把它们收了起来。

在我的近邻的房门前，站着一群人在朝天仰望。

'哎呀，医生'，他们喊道，'哎呀，医生，这么可怕的天气，你们这是从哪里回来呀？'

24. 阿达尔贝特·施蒂夫特的《冰的故事》 197

'从杜步思和爱顿客栈',我说道,'我把马和雪橇都放在那里了,是从梅尔巴赫草场和山丘草坪过来的,因为森林已经没法穿过了。'

我和他们一起站了一会。今天确实是个坏天气。林子里的沙沙风声从四周传来,这里都可以听到,其中夹杂着树倒的声音,而且越来越密集。甚至从很高的山顶上传来,虽由于浓雾已经看不见山顶了,却能听到断裂和倒塌的声音。天空依旧是苍白的,一整天都如此,现在到了傍晚,天光反而更明透了些;空气完全凝滞,细雨刚刚开始落下。

'上帝保佑那在野外的人,甚至是在林子里的人吧',一个旁边的人说。

'这人肯定已经得救了',另一个人说,'因为今天不会有人还在路上了。'

我和托马斯还扛着很多东西,已经不堪重负了,于是我们和他们告别了,朝家走去。每棵树的周围都有一片黑,因为很多树枝掉落下来,好像被冰雹击打过一样。我的木头栅栏环绕着我的花园的庭院,还没完全建好,现在银光闪闪地站在那里,像在一个教堂的圣坛前;旁边是一棵李子树,来自古老的阿尔伯地区,现在已经全弯了。我夏天常坐的长椅是在一棵冷杉树下,仆人们用棍子把能够得着的地方的冰都打了下来,这样才把树保护住了;当树梢好像要完全弯下来时,一个仆人,卡叶坦,他爬了上去,从上往下小心翼翼地打,并把最高的枝丫用草绳系住,然后让绳子垂下来,不时地摇晃。他们知道,我特别喜欢这棵树,它长得确实很美,绿色的树枝枝繁叶茂，很可能会挂满很重的冰而折断或枝丫被撕裂。我回到我的房间，烧得已经很暖和了，把所有从雪橇上卸下的东西都放在桌子上，脱掉衣服，仆人们打掉上面的冰，然后在厨房里挂起来，因为已经湿透了。

我换完衣服后才知道，高特里普去了露水谷的森林，还没回来呢，因为他以为我一定会乘雪橇穿过露水谷回来。我让卡叶坦找个人一起去接他，这样他们就可以拿着灯笼，脚上穿着冰爪，手里拄着手杖去了。他们后来把他接回来了，他全身已是一层白色的盔甲了，因为他没法把身上的冰抖落掉。

我吃了一点我带的饭。傍晚的天色已经很暗了，深夜已经开始来临。我现在在房间里也能听到杂乱的呼啸声吹进来，家里人开始在房子里恐慌地走动。

过了一会，托马斯也吃完饭，换好衣服，走了进来告诉我说，左邻右舍的人都聚在一起，惊慌失措。我穿了件结实的外衣，拿根手杖，穿过冰地，来到邻居他们房前。已经一片漆黑了，只有地上的冰发出可疑的闪光和雪的反光。雨雪落在脸颊上，周围立刻就湿了，我拄着登山拐的手上也能感觉到。在黑暗中，呼啸声越来越大，而且从视线无法企及的地方传来，如远处瀑布的轰隆声；断裂的声音越来越清晰，好像一支军队阔步行进过来，或一场没有厮杀声的战役正在进行。我走近邻居的房子，看到黑压压的人群站在雪地中，离房子很远，不在门墙附近。

'天啊，医生，帮帮忙吧，医生，帮帮忙吧'，一些人喊道，他们看到我走过来，从走路的样子认出了我。

'我没法帮你们，上帝的伟大和神奇是无所不在的，他将帮助并拯救你们'，我说道，同时走向他们。

我们一起站了一会，听听有什么动静。从他们后来的谈话，我才知道，他们害怕夜里房子会被压垮。我告诉他们，我们这里大多是针叶树，在树枝上，向下流淌的雪水聚集在细小的枝芽与针叶间，结成冰霜，一层层覆盖了枝干，并把针叶，枝芽，树枝和主干往下压，最后压弯折断了大树。而房顶上的光滑的雪层里，水都流下来了，由于铁皮是光滑的，利于水流淌。如果你们用钩子撕下块铁来，就可以看到，铁皮在倾斜的表面上是不能积厚的。在树上，好像无数只手在往下拉无数的毛发和胳膊；而在房子上，一切都被推到了边上，形成冰柱往下垂，它们没什么力量，自己会掉下来或可以打下来。我就这样安慰他们，他们也渐渐理解了这令他们不知所措的情况，因为这种类似的天气，以如此的强度和力量，他们还从未经历过。

然后我又回家了。我自己也没法镇定下来，内心也在颤抖；谁知道会发生什么呢，如果雨还这么持续地下，可怜的树木折断的隆隆声越来越密集，现在一切都已经到了最糟糕的边缘。所有的负重都集中在一起了；一两，一克，一滴水都会压倒这棵千年老树。我在房间里点着蜡烛，不想睡觉。高特里普这孩子站在露水谷里等得太久了，有些轻微发烧。我给他做了检查，让他服了点药。

一个小时后，托马斯进来说，人们聚在一起祈祷；狂风怒吼太恐怖了。我回答说，天气会变好的，他就退下了。

我走进另一个房间,噪声像咆哮的海浪袭来,忽高忽低,那儿有个皮制的座椅,我躺下来,过于疲倦就睡着了。

我醒来时,听到房顶一声呼啸,还不能立即判断出是什么声音。我站起来,振作精神,走到窗前打开一扇窗,这才明白,原来是风,或者说是风暴呼啸而过发出的声音。我还想看看,雨是不是还在下,风是冷是热。我换了件外衣,穿过前面的房间,看到旁边透过房门的灯光,托马斯在里面睡觉呢。他的房间离我很近,这样一来,如果我需要什么或发生什么事情,敲声铃就可以叫他过来。我走进他的房间,看到他坐在桌子旁。他根本没躺下,他承认,是因为害怕。我告诉他,我要下去看下天气怎样。他马上站起来,提着灯与我一起下楼了。我们来到前厅,我把灯放在楼梯的壁龛里,他的也放进去了。我打开通向院子的门,当我们沿着寒冷的走廊走出去时,一股温暖而柔软的气流扑面而来。昨天一整天反常的天气,现在已经消失了。这暖流午后才开始涌动,原先只在上方地势高的地方,但通常也会下降的,就像现在,曾经在上面的气流开始往下压,正在变成一阵风暴。我目光所及之处,天色已经全变了。灰白色已逐渐散去,偶尔还是会看到零散的、黑暗的云块。雨不是那么稠密了,但还是有很大的雨滴零散地打在我们脸上。我站在那儿,几个在我房子周围的人朝我走过来。我的庭院与往常不一样,以前更乱。房子的围墙从两面围成长方形,也就是庭院的两面。第三面是一个厚木板,后面是花园,人们可以穿过木栅栏进来。第四面是入口,以前也是厚木板,并没有装好,带了一扇木头的栅栏门,通常是开着的。院中间应该是口井,但当时还没挖呢。人们很容易就可以进我的院子。他们站在外面,恐惧中想要观察天气的变化。他们看到我房间的灯灭了,然后灯沿着楼梯往下来,就知道我要来院子里了,于是就都走过来。他们害怕真正的毁灭性的灾难,并有种莫名的恐惧,因为暴风雪好像也要来了。我告诉他们,现在的天气是好的,最恶劣的已经过去了。可以想见,冷空气上面已经没了,下面也会马上消失的。风如此之暖,也不可能再结新冰了,旧的还要融合的。他们所担心的风暴也不会再折断树木了,因为现在好像风止住了一样。因为风再吹起时,它已经不那么有力量能够折断树干;但风力还是足够大,能吹下在针叶间滑动的水珠,并摇下树枝上已经松动的冰块。树现在已经变轻了,下一阵暖风袭来,将使它更轻。风停了,这样就救了一切;曾经动摇了一切的可怕的风暴就可以隐秘地收起来。尽管还是有些树被吹倒,但肯定有更多的树得救。那些情况已经很危急的树即使一点风也没有,也会倒掉的。风不仅把冰吹了下来,它的热气融进那些柔软的冰层,然后是那些坚硬的,这样就没有把化了的水和天上的降雨留在树枝上,这和简单的热气不一样。的确,尽管我们透过风声,已经听不到之前森林的呼啸了,能听到的树木倒塌的闷声也少了许多。

  过了一会,风愈来愈大,如我们所预料的那样,也变得越来越暖。我们互祝晚安,就回家了。我走回房间,脱去衣服,躺在床上,一直沉睡到第二天凌晨,外面已经是明亮的天空了。"

现在回到选这个《冰的故事》的理由。阿达尔贝特·施蒂夫特在什么意义上说"冰的故事必将产生深刻的影响呢"？诗人说的影响是什么意思呢？

故事讲述了一个医生，冬日里和他的随从去看病人，在冰雪覆盖的森林里的遭遇。施蒂夫特把森林被冰雪覆盖简单地称之为"物"（Ding）。

故事产生影响或效果①是由于那吸引读者的事物的非同寻常吗？或者是叙事效果取决于施蒂夫特描写这景物、并让读者惊奇的艺术？抑或两者都有：事物的非同寻常和令人惊奇的呈现？还是诗人的语词的功效在其他方面？

当天以及接下来的夜晚，冰雪不仅覆盖了森林，而且也落在了人们的房子上。因而，医生回到自己的房子也属于"冰的故事"，他夜晚同那些站得离自家房子很远的邻居的交谈也同样属于这个故事。

"冰的故事必将产生深刻的影响呢"，因为它将击中读者此在的根基。那么诗人的语词是如何产生效果的呢？语词通过召唤读者，去倾听所言说之物，即在语词中所显示之物，来产生效果。词的功效在于召唤和显示。它不像在机械运动领域的推压等现象能直接造成结果。

然而，冰的故事里的语词指向何处呢？人们出于害怕离开了他们的房屋，他们害怕房子被结冰了的雪重压压垮。他们担忧他

---

① 这里的 wirken 作为动词有产生影响、功效和效果，起作用，留下印象、结果的意思。——译注

们的栖居之所,他们的此在。医生与他们交谈。告诉他们雪水是怎么流淌的,以及在树的枝丫上和房顶的平面上结冰的方式的不同。医生把邻居们的目光和心思都引到这种简单、但隐而不显的事情上来。就这样,诗人把人们的思想从剧烈的咆哮和呼啸,倒塌与断裂,引到这安静而柔和地存在着的、毫不起眼的事情上。

施蒂夫特在《多彩之石》前言里认为其"不适合年轻的听众",并作出如下的思考:

"清风吹拂,流水潺潺,谷物生长,大海咆哮,土地泛绿,天空闪耀,星星闪烁,这在我看来是伟大的;而气势汹涌、滚滚而来的暴风雨,劈裂了房屋的闪电,掀起波澜的风暴,爆发的火山,埋没了大地的地震,这在我看来没有上面的现象伟大,我甚至觉得它们更渺小,因为它们不过是更高的律法的结果而已。它们只是零散地出现,是片面的原因所带来的后果。让穷妇人锅里的牛奶胀满、溢出来的力与让火山岩浆喷发,沿着山体向下流的力是同一个。"

施蒂夫特是要把我们的思想引向何处呢?为了更清楚地理解诗歌语词的功效,我们跟随他,再往前走一小步。

诗人指出的力量和律法本身不过也是符号而已。因为它们指向的是那不可见的,却又先于一切、决定一切的事物,而人们如果想在大地上栖居,就必须从其此在根基出发与之应和。诗的语词指向根基的深处。施蒂夫特称之为伟大。"任何伟大者",他说,"都是简单而柔和的,如同宇宙。"(给哈克纳斯特的信,1847 年 7

月)他在另一处说道,"伟大的事物从不炫耀自己,它只是存在着,并留下伟大的印象。"(1847年8月11日的信;参见1854年2月3日的信的附件)

在微小的事物中显示出真正的伟大,并指向那不可见的,而且是通过那些显而易见的和人世间的平常事,让人听到在言说中未曾言说的——这种道说(Sagen)就是诗人阿达尔贝特·施蒂夫特语词的功效所在。

为了这种显现而做出的急切的努力帮助诗人找到了一种语言,此种语言从一部作品到另一部作品,言说得"越来越深刻,结实,卓越,然后完全纯粹清晰,形式上透明。"(1847年2月16日给哈克纳斯特的信)

这种对于语词的追寻虽然每每让被显之物在其不显现性中得以被看见,然而有时却也逼得诗人作出类似以下向他的出版商所做的坦白:"而我还要告诉您一个我的痛苦,即关于那个公文包。这是一个无可救药的一个故事。这本书我不喜欢。"(给哈克纳斯特的信,同上)最后一句话是突出强调的,写这句话的时候,他正在重新加工这个故事,而《冰的故事》正是取自于此。

恰恰相反,在《公文包》最后一个、但没有完成的文稿里,施蒂夫特所言说的是最完美的语言。它是在距离最早的一稿差不多一百年后才从诗人的遗稿中被发现,然后发表的。在最后一稿的《公文包》里缺了《冰的故事》。

阿达尔贝特·施蒂夫特引用了一个古拉丁作家的一句话,作为《我曾祖父的公文包》这部作品的座右铭:

"Dulce est, inter majorum versari habitacula, et veterum dicta factaque recensere memoria."

EGESIPPUS

翻译过来就是:

"如此亲切,驻留在祖先的乡土之物之中,并在追思中阅历先人的语词与作品。"

25．对曾在之物的暗示

如果一个作者想要向出版社表示敬意，那么他就会陷入一个尴尬的境地，因为他不得不谈谈他自己；即使不谈他个人，也就要谈谈他的尝试：尝试着通过文本，来将他长久以来的所思所想带到一条合适的路上，来与公众见面。

有必要讲述一下在维多里奥·克劳斯特曼出版社出版的这一系列作品的过程。

这开始于弗莱堡就职演讲"什么是形而上学？"的出版，这个演讲是于1929年夏季学期举行的。尽管这个文本是在波恩的弗里德里希·柯亨出版社出版的，《康德与形而上学疑难》这本书的情况也相仿。

但是，克劳斯特曼的名字已经出现在1929年出版的这两个出版物中了。

美因河畔法兰克福的维多里奥·克劳斯特曼出版社于1930年正式成立之后，一批有着一种共同的自由精神的作者开始渐渐汇集起来了，这种精神在二十世纪三十年代，乃至接下来的十年都保持着勃勃的生机。

今天，要在涉及这二十年的，至今仍居主流的笼统而又充满政治色彩的刻画中，要想足够清晰地去展示出这种共同精神的独特之处,这仍是非常艰难的。

列举一些名字来表明这种精神,这可能会容易一点儿:马克斯·科莫雷尔(Max Kommerell)、汉斯·利普斯(Hans Lipps)、卡尔·莱因哈特(Karl Reinhardt)、W. F. 奥托(W. F. Otto)、库特·里茨勒(Kurt Riezler)、泰奥多尔·海泽(Theodor Hetzer)、恩斯特·荣格(Ernst Jünger)与弗里德里希·格奥尔格·荣格(Friedrich Georg Jünger)。在当今,大多数人不再谈论这些名字。或者我应该说:尚未谈论?这些人可以谈论些什么呢?

谈论一种努力,努力去赢获一种本源的、与诗歌史、艺术史和思想史的关联。这为的是从这些历史出发,去接受和指出那种被保存在这些历史中的高的标准尺度,这些标准以它们固有的本质指示给了未来的诗歌、艺术和思想作品。

因为这些标准并不是被社会设定的,就仿佛它们只是社会的插枝一样,而是一种地带(Ortschaften),社会归属于其中,并必须放弃其僭越的主体性,就是说,放弃这种要求,即:一切存在之物只有作为被它(主体性)所设置和操纵的客体才被接受和处置。

上面列出的那些名字只是暗示出,但没有规定那种共同的精神,这种精神的的不可言传的统一性在于,它不仅容纳,而且要求那些寓居其中的作者的多样性和独立性,并由此为参与其中之人提供出一种可能性,来以一种总是全新的方式彼此促进。

是出版家维多里奥·克劳斯特曼难以令人置信的技艺、洞见、敏感和坚定,才让这种共同的精神脱离规划、没有订制和迁就,而保持着自由,从而有效地维持住了较高的水准。

在最艰难的岁月里,出版社凭借着其丰富的经验和技巧,冒着风险将那些不受欢迎的作品隐秘地带给了读者。

为了正确地把握和评价出版社的这种看不见的工作和对那种共同精神的保护，这里当然需要一种真正的历史感。有了这种独特的历史感，才能观察得到规定着今日迅速变化的世界以及屈从于这世界的人们的力量。对这些人而言，所有的历史性的东西（Geschichtliche）都面临着变成可被操纵的信息存料的危险。

这一过程逼迫着睿智者去经验和承受那种从这过程中产生的急难。

一种这样的对历史的洞察或许能让我们经验到一种暗示，暗示着维多里奥·克劳斯特曼出版社将来的使命：

铭记那种曾在的、共同的精神。因为那曾在之物仍在起着作用，并经受得住消逝。

布莱斯高的弗莱堡，1966年秋。

马丁·海德格尔

26. 艺术与空间[1]

"如若我们自己深入思考,即可发现
在语言中承载着丰富的智慧。
也许并非人自己承载一切,
而是在语言中就像在俗语中,
实际就有丰富的智慧。"

　　　　　　G. Chr. 利希藤贝格[2]

---

　　① 海德格尔的《艺术与空间》(*Kunst und Raum*)写于1969年。其时作者已至耄耋之年。本文单行本以德、法两种文字出版,由瑞士埃尔艾出版社出版,圣加伦1969年。中译文根据海德格尔《全集》第13卷译出。在1969年单行本文后(第14页),海德格尔作了以下提示:

关于艺术,可参看"艺术作品的本源",载《林中路》,1950年;此文增补单行本收入雷克拉姆万有丛书,第8446/47,1960年。又可参看"人诗意地栖居",载《演讲与论文集》,1954年。

关于空间,可参看《存在与时间》,1927年,第22—24节,此在的空间性。又可参看"筑·居·思",载《演讲与论文集》,1954年。此外可参看"关于思想的田间路上的对话",载《泰然任之》,1959年。——译注

　　② 利希藤贝格(G. Chr. Lichtenberg,1742—1799年):德国启蒙学者、哲学家、物理学家。——译注

Δοκεῖ δὲ μέγα τι εἶναι καὶ χαλεπὸν ληφθῆναι ὁ τόπος.[①]

"空间（Topos）看来乃是某种很强大
又很难把捉的东西"——此即位置－空间。

亚里士多德：《物理学》第四卷

我们对于艺术、空间以及两者之交互游戏的评论，总还是追问而已，即便评论以断言形式发言。这里的评论只限于造型艺术，并且更限于其中的雕塑艺术。

雕塑形象是物体。其由各色材料组成的部件，被塑造为多样形态。此种形象塑造（Gestalten）实现于界面构成，即内外界面的确定。在此即有空间进入游戏。空间为雕塑形象所占有，遂造就为自成一体、透孔和空洞的形体。凡此种种，众所周知又玄秘难解。

雕塑体有所体现。它体现空间么？雕塑攫取和掌握空间么？雕塑因此与科学技术对空间的征服相合么？

作为艺术，雕塑诚然是对艺术空间的一种探索。艺术与科学技术出于不同的意图，以不同的方式来考察和处理空间。

[①] 此句通常译为："地点被认为是某个既重要但又难于把握的东西"，参看亚里士多德：《物理学》，中译本（苗力田主编《亚里士多德全集》第 2 卷），徐开来译，北京：中国人民大学出版社，1997 年，第 94 页。——译注

然而空间——它还是同一个空间么，它不就是那个自伽利略和牛顿以降才获得最初规定性的空间么？空间——是那种均匀的、在任何位置和任何方向上都是等价的、又是感官所不能觉知的间隔（Auseinander）么？

空间——是眼下以日益增长的幅度愈来愈顽固地促逼现代人去获得其最终可支配性的那个空间么？

就现代造型艺术自视为一种对空间的探究而言，它不也随着上面这种促逼①亦步亦趋么？现代造型艺术不是借此以其合乎时代的特性证明了自己么？

然则物理技术所筹谋的空间，不论它如何广泛地起决定性作用，能够被视为唯一真实的空间吗？与之相比较，一切具有别种构造的空间，诸如艺术空间、日常行动和交往的空间，只不过是某个客观宇宙空间的由主观决定的预备形式和变种吗？

但如果客观世界空间（Weltraum）之客观性必然与意识之主观性相关，而此种相关对那些先于现代欧洲的时代来说又是格格不入的，那么情形又如何呢？

尽管我们承认过去的不同时代的空间经验各不相同，但我们

---

① 此处"促逼"原文为 Her-ausforderung。日常含义为"挑战、挑衅、引起"等。——译注

借此就获得一种对空间特性的洞见了吗？凭这种承认，空间之为空间是什么这个问题甚至还没有获得追问呢，更遑论得到解答了。悬而未决的问题是，空间以何种方式存在（ist），以及空间究竟是否能够具有一种存在（Sein）。

空间——它是一个原始现象（Urphanomenen）吗？照歌德的话来说，人们一旦觉察到这些原始现象，便会感到某种畏怯乃至恐惧。空间是这样一种原始现象吗？因为在空间背后，看来更没有什么东西可以用以解释空间了。在空间面前，我们亦没有任何回避的出路。空间所固有的特性必定从其本身而来显示自身。还能说空间的特性吗？

鉴于此种追问的困境，我们便必得如实坦白：

只消我们没有经验到空间的固有特性，则关于某个艺术空间的谈论就也还是晦暗不明的。空间在艺术作品中的支配方式，首先还是悬而未决的。

雕塑形象得以在其中如某个现成对象那样出现的那个空间，雕塑形体所包涵的那个空间，在形体之间作为虚空（Leere）存在的空间——这样三个在其交互游戏之统一中的空间，难道始终只不过是某个物理技术空间的衍生物吗？即使计算性测量不能干预艺术形象之塑造，事情也还是如此吗？

一旦我们承认,艺术是真理之置入作品中,[①]而真理意味着存在之无蔽[②],那么,在造型艺术作品中,难道不是必然也有真实的空间,即揭示其最本己因素的东西,成为决定性的吗?

但我们如何能够找到空间的固有特性?困惑中只有一座小桥,一座无疑是狭窄的而又是摇摆不定的小桥。我们尝试倾听语言。在空间一词中,语言说到什么?其中说到空间化(Räumen)。空间化意谓:开垦、拓荒。

空间化为人的安家和栖居带来自由域、敞开域[③]。

就其本己来看,空间化乃是开放诸位置(Orten),在那里,栖居着的人的命运回归到家园之美妙中,或回归到无家可归的不妙之境中,甚至回归到对有家和无家的妙与不妙的冷漠状态中。空间化乃是开放诸位置,在那里上帝显现出来,诸神从那里逃之夭夭,神性之显现在那里踌躇久矣。[④]

空间化产生出那一向为栖居所备的地方(Ortschaft)。世俗空间始终是那些往往很久远的神圣空间的褫夺(Privation)。

空间化乃诸位置之开放(Freigabe von Orten)。

---

① 原文为 das Ins-Werk-Bringen der Wahrheit。可参看海德格尔:"艺术作品的本源",载《林中路》,美因法兰克福 1994 年版,第 44 页以下;参看中译本,孙周兴译,上海:上海译文出版社,2004 年,第 44 页以下。——译注

② 此处"存在之无蔽"(die Unverborgenheit des Seins)是海德格尔对古希腊的"真理"(Ἀλήθεια)一词的译解。——译注

③ 此处"自由域、敞开域"原文为 das Freie, das Offene。——译注

④ 可注意此句中的"上帝"(Gott)、"诸神"(Götter)和神性(das Göttliche)的联系与区别。——译注

在空间化中有一种发生(Geschehen)同时表露自身又遮蔽自身。空间化的这一特性太易于被忽视了。而且，即便此种特性已被看出，它始终也还是难以确定的，首先是因为，物理技术的空间被视为任何对空间因素的标画都要先行遵循的空间。

空间化如何发生？它不就是设置空间(Einräumen)吗？并且这种设置空间不是又有容纳(Zulassen)和安置(Einrichten)双重方式吗？

一方面，这种设置空间有所允许，它让敞开之境运作起来，而敞开之境还容纳在场之物的显现——人的栖居就委诸在场之物了。

另一方面，设置空间向物提供可能性，使物得以依其各自的何所向(Wohin)并从这种何所向而来相互归属。

在双重的设置空间中发生着诸位置之允诺(die Gewährnis von Orten)。此种发生的特性便是这样一种允诺。但如果位置的固有特性要以有所开放的设置空间为引线来加以规定的话，那么位置是什么呢？

位置(Ort)总是开启某个地带(Gegend)，因为位置把物聚集到它们的共属一体之中。

在位置中起作用的乃聚集(Versammeln)，即那种使物入于其地带的开放着的庇护(Bergen)。

那么地带呢？这个词的更古老形式是"开放地域"。①它表示自由的浩瀚之境(die freie Weite)。由这种自由的浩瀚之境，敞开域得以保持，让一切物涌现而入于其在本身中的居留。而这也就是说：持留、使物入于其相互归属的聚集。

这里突出的问题是，诸位置首先并且仅仅是设置空间(Einräumen)的结果和后果吗？或者，这种设置空间是从聚集着的诸位置之运作中获得其固有特征吗？倘果真如此，则我们就必得在地方(Ortschaft)之建立过程中寻求空间化的固有特性，必得把地方思为诸位置的共同游戏。

我们必得留意，这种游戏(Spiel)是以及如何是从地带之自由的浩瀚之境而来接纳那对于万物共属一体的指引的。

我们必得学会识别，物本身就是诸位置，而且并不仅仅归属于某一个位置。

在此情况下，我们就必须长期地忍受某种令人诧异的情形：

位置并不以物理技术空间的方式处于先行给定的空间中。物理技术的空间唯从某个地带的诸位置之运作而来才展开自身。

艺术与空间的交互游戏必得从关于位置和地带的经验来加以思考。

---

① 关于"地带"(Gegend)与"开放地域"(Gegnet)的讨论，特别可参看本卷中的《对泰然任之的探讨》一文，以及海德格尔：《乡间路上的谈话》(《全集》第77卷)第一篇，德文版，美因法兰克福，2007年，第114页以下。——译注

作为雕塑的艺术，并非任何对空间的占有。

雕塑并非任何对空间的探究。

雕塑乃对诸位置的体现；诸位置开启一个地带并且持留之，把一种自由之境(ein Freies)聚集在自身周围；此种自由之境允诺各个物以一种栖留，允诺在物中间的人以一种栖居。

如若情形竟是这样，那么，从总是体现着某个位置的雕塑形象之形体中将形成什么呢？也许它将不再界定彼此相对的诸空间——在其中，诸界面缠绕着一个与外部相对的内部。以形体(Volumen)一词所表示的东西必定要失去其名称，而此种名称的含义仅仅像现代自然科学技术一般古老。

雕塑表现所具有的那些寻求着诸位置并且形成着诸位置的特性，首先就还是无名的。

那么，从空间之虚空(Leere)中又形成什么呢？虚空往往只显现为某种缺乏。于是，人们便认为，虚空是缺乏对空穴和间隙的充满。

然而也许虚空恰恰就与位置之固有特性休戚相关，因之并非缺乏，而是一种产生(Hervorbringen)。

这里，语言又能给我们一个暗示。动词"倒空"(leeren)的意思就是"采集"(lesen)，即原始意义上的在位置中运作的聚集。

倒空杯子意谓:把杯子这个容器聚集入它的空出状态中。

把采来的果子腾入篮子里意谓:为果子提供这个位置。

虚空并非一无所有。它也不是缺乏。在雕塑表现中有虚空在游戏,其游戏方式乃是寻索着－筹谋着创建诸位置(suchend-entwerfendes Stiften von Orten)。

诚然,前面的评论没有多么深入,没有深入到以足够的清晰把作为一种造型艺术的雕塑的固有特性显示出来的地步。雕塑即有所体现地把诸位置带入作品中,凭诸位置,雕塑便是一种对人的可能栖居之地带的开启,对围绕着人、关涉着人的物的可能栖留之地带的开启。

雕塑:在其创建着诸位置的作品中体现存在之真理。

凭一种对雕塑艺术之固有特性的小心考察即可猜度,作为存在之无蔽的真理并非必然依赖于体现(Verkörperung)。

歌德说:"并非总是非得把真实体现出来;如果真实富于灵气地四处弥漫,并且产生出符合一致的效果,如果真实宛若钟声庄严而亲切地播扬在空气中,这就够了。"①

---

① 参看歌德:《格言与感想》,第42条。——译注

27．符号

被表象为单纯符号的语言为语言的信息理论上的技术化提供了开端。由此开始的对人与语言之关系的设置（Einrichtung）以极其阴森可怕的方式实现了卡尔·马克思的要求：要紧的是改变世界。

对于今天令人惊奇的科学的彻底非人性，人们是否会注视一番并且还及时地承认之？计算性思维的强大优势日益确定地回击人本身，并且把人贬降为一种无度的"可操作的"模式思维的可订置的存量部件（Bestandstück）。通过科学，对非计算性思想的逃避被组织起来，并且被固定为机制。

*

古希腊人依然令人惊讶，他们竟能够从一种抢先的抑制出发，就已然看到在掩蔽中的有待道说者。他们能够做到这件事，乃是因为他们的语言——在场者之在场状态的要筑造的家——等待着他们，使之在筑造之际居住于其中。

有了今天占上风的言谈和书写的灵活性，依然去保护一种质朴的、基本的道说，并且在它发生之际去倾听它，这一直是殊为艰难之事。

一切艺术,任何一种知识,对它们的经验都必须基于山脉和大海,基于天空与岛屿,基于(已经众说纷纭的)光明及其保障(即对向来受限制的在场者的保障),甚至基于那个本身首先使光明－光亮与黑暗成为可能的东西。

*

如今的黑格尔复兴运动——这种占上风的思想难以从辩证法的磨坊中捞出来了。那只还是一个空转的磨坊,这是因为黑格尔的基本立场,他的基督教－神学的形而上学,已经被抛弃掉了;因为唯在这种形而上学中,黑格尔的辩证法才有其元素和立足点。

问题仍旧是,借助于马克思主义的辩证法,也即以黑格尔的辩证法为原则,今天被视为第一和最终之现实性(从前它被叫作上帝)的工业社会,根本上是否能够充分地得到思考。辩证中介之方法悄然与现象失之交臂(例如错失了现代技术之本质)。单纯的机敏绝不是通向那依然对我们的思想遮蔽自己的东西的道路。人类面临的思想方式之革命尚未酝酿好,对此的一种公开探讨还不到时候。

辩证法是无疑问之物的专政。在辩证法的网中,一切问题归于窒息。

*

说世界的合理性和合理化(解魅)本身是某种合理性的东西,

这是荒谬之见。这种谬见还得接受关于理性（Ratio）之起源的追问。

28. 人的栖居

荷尔德林诗曰:"充满劳绩,但人诗意地栖居在这片大地上"。这个诗句几乎未得倾听,尚未得到思考,更遑论进入我们的追忆和思念(Andenken)中了。何以会这样呢?当今的现实被理解为工业社会和功效社会,它生产出自己以及被今天的现实所利用的存料本身,有鉴于此,诗人的这个诗句对所有人来说都容易抽空自己,变成单纯的幻想。诗歌在社会意义上被理解为文学生产。

人们没有严肃对待荷尔德林的诗句,这一点我们也可以从今天的荷尔德林研究中见出充分的理由。这种研究把这个诗句视为"靠不住的";因为包含这个诗句的文本,其手稿没有流传下来,而是出现在威廉姆·魏布林根①的小说《法厄同》②的结尾,该小说出版于1823年。与之相反,诺伯特·冯·海林格拉特在其《荷尔德林的品达翻译第一版导论》(1911年,第58页,注3)中说道:"这些文字本质上可能是真实的。"海林格拉特对荷尔德林作品的努力研

---

① 威廉姆·魏布林根(Wilhelm Waiblinger,1804—1830年):德国浪漫主义诗人,著有《荷尔德林的生平、诗歌和疯狂》等。——译注

② 法厄同(Phaeton):希腊神话中的光明之神,太阳神赫利俄斯(Helios)与克吕墨涅(Clymene)之子。在希腊语中"法厄同"意为"熊熊燃烧"。但自从阿波罗(Apollo)被崇拜成太阳神后,后期神话中一些诗人就把法厄同错误地说成是阿波罗之子。——译注

究,本身乃基于一种与诗人的诗意关联,这位诗人有朝一日也许还会作为一种未来诗歌的诗人向一些人显示自己。

说也奇怪,在荷尔德林诗歌的最终版本中,并没有出现"诗意的"(dichterisch)这个形容词。但斯图加特版(第2卷,第635页)却把这个词录为《爱琴海群岛》[①]一诗第28行诗的异文。这段诗(第25至29行)如下:

"连同天神,他们乃高空的力量,那寂静的力量,/他们带着欢快的白昼、甜蜜的瞌睡和预感/远远而来,越过感受之人的头顶/出于丰盈的权力,还有他们,古老的游伴,/与从前一样,与你一道栖居……"

在第一个草稿中,荷尔德林写的不是"古老的游伴,/……栖居",而是"诗意的游伴,……栖居"。因此,关于一种诗意栖居的诗性想法对这位诗人来说绝不是陌生的。但在前面举出的文本出处,"诗意的"这个形容词指的是天体(Gestirne)的栖居方式,而不是指人的栖居方式。如果在定稿中可以换成"古老的游伴",那么,所谓"诗意的游伴"说的是什么呢?

何以"古老的"就是"诗意的",而"诗意的"就是"古老的"?

天体乃是自古以来曾在者,是过往者,它们也是将来复返的东西。天体是双重意义上的过往者。基于这种过往性,天体的当前得到了规定;"永远绽放的星辰"(《草稿》,第二卷,第635页)的永

[①] 《爱琴海群岛》(Archipelagus):一译《阿尔希沛拉古斯》。——译注

远性(das Immer)并不限于：它们一味不断延续。古老的游伴给"感受之人"带来白昼的欢快、夜晚的瞌睡和预感。在带来之际，它们为终有一死者的一生捐献、创建持留者(Bleibendes)，它们于是就是诗性创造的(dichtend)。古老的游伴"诗意地栖居"，与爱琴海(Ägäis)的海神一道，与海琴海岛屿及其居民一道栖居。

如果说这首诗的定稿本把天体称为"古老的"，那么，"诗意的"这个规定也并没有被删去。接下来的诗句第 29—42 行才特别地指出天体中的至高者即"白昼的太阳"，那"使万物容光焕发的太阳"。第 38 行把它叫作"诗意创造者"。它创建更高的清明，这种清明让万物在其本己中显现，并且赋予终有一死者以尺度。

不过，《爱琴海群岛》一诗本身说得更富意蕴和更为凝聚，胜于我们这里所尝试的、必然支离破碎的提示所能做到的。

但这里不禁产生了一个问题。难道这首完成了的诗歌已经在手稿上得到证实的段落，竟没有降低或者消除对于《在可爱的蓝色中盛开……》这个散文文本的真实性的怀疑吗？——"充满劳绩，但人诗意地栖居在这片大地上"这几行诗句正是来自这个散文文本。倘若答案是肯定的，那么，我们上面已经提到的区分就依然存在。

根据《爱琴海群岛》，"诗意地栖居"的是天体，"诗性创造者"是至高的天体即太阳。"诗意的"这个规定归"天神"所特有。而根据后来的散文文本，"诗意地栖居"则为"在这片大地上"的终有一死的人所特有。

根据《爱琴海群岛》，天神以赋予尺度的方式倾心(zuneigen)于尘世凡人。而根据散文文本，则是终有一死的人倾心(neigen)

于天神。两者具有同样的赋予尺度的意义吗？我们要问——且停一停，让我们来倾听一下文本里的问题："大地上可有尺度？"我们可以来思量一下紧接着给出的回答："绝无。"

尘世的诗性创造者只不过是一种天神尺度的采纳者。终有一死的诗性创造者始终只是创建一个预先接受的东西。对荷尔德林来说，作诗（Dichten）绝不是任意创造的生产，而是道说之作业（Werk des Sagens）方面的筑造（Bauen），后者乃为天神所需要的、在天神之权力那里取得尺度。通过这种筑造，终有一死者逗留于其中的那个地带便得以敞开出来。

所以，倾心之地带①被叫作澄明（Lichtung），在澄明中，天神于令人诧异地捐献之际倾心于在这片大地上的终有一死的人，而尘世凡人在感恩和塑造之际向天神鞠躬致意。在此倾心之地带，天神与终有一死的人在赋予尺度和采纳尺度之际——也即诗意地——相互归属，两者向来以各自的方式在一起栖居。

然而，所有这一切难道不是一种单纯的梦幻，一个随意表象的产物吗？它难道不是缺乏任何现实性，缺乏任何关于一种可能的实现的希望，缺乏任何对于确凿性和约束性的要求吗？

大致考察一下今日的世界状况，我们就似乎不得不做这样的追问。当然，我们在此太容易忽视一点，即：荷尔德林本人直面对他提出要求的诗歌及其风险，走上了自己的道路，变得更为内行，胜于我们今人——唯跟随荷尔德林才能深思——所能做到的。

---

① 此处"倾心之地带"原文为 Neigungsgegend，其中"倾心"（Neigung）与前文讲的"倾心"（动词 zueignen 和 neigen）相关。——译注

颂歌《漫游》的最后一节道出了这一点(海林格拉特版,第4卷第2册,第171页;斯图加特版,第2卷,第141页):

> 天空的使女
> 却是多么神奇,
> 有如一切神灵。
> 谁想悄悄靠近,
> 只会落得大梦一场,
> 谁想与之一较轩轾,
> 必将受到惩罚;
> 谁若无所想望,
> 倒是常获惊喜。

可见,即便在荷尔德林意义上,要指明"人诗意地栖居……"这句诗,甚或宣称它是一种有约束性的言说,那都还不免仓促了。而且,即使"诗意地栖居"是要尽力追求的,在极端情形下也依然可以断定:今天人在这片大地栖居——不是诗意地。

但这是何意呢?这是荷尔德林说的吗?诺伯特·冯·海林格拉特把一篇短文(第25条)收入题为《片断与草稿》的一卷中(第4卷第2册,第257页),这篇短文的标题为《至近的至善》。原文如下:

> 天空的窗口敞开
> 夜的幽灵也得释放
> 它使天空刮起风暴,用了大量言语,

> 非诗意地，诱说我们的国度，而且
> 把废墟碾平
> 到这个时候
> 我所意愿的就会到来，……

这里所谓"非诗意地"（undichterisch）等同于"不是诗意地"（nicht dichterisch）吗？决不是。可是，如果这两个用法说的是不同的东西，那么，它们要在哪个角度上区分开来呢？

人们可以十分迅速地作出回答。这个区分涉及否定的方式。举例说来，三角形不是诗意的，但三角形从来都不可能是非诗意的。就此说来，三角形必定可能是诗意的，它才会在这个角度看缺失某个东西，它才可能错失诗意的东西。在思想史上，单纯的否定（Negation）与褫夺（Privation）之间的区分早就众所周知的。在此悬而未决的是，以这一区分——对此区分的第一次揭示，曾需要柏拉图在其对话《智者篇》里的至高的思想努力——这个关于"不是"（nicht）的问题是否已经充分，或者哪怕只是被提了出来？

只有当我们成功地对"诗意地"作更为准确的规定时，我们才能经验到，在眼下这个情形中，"非诗意地"的"非"（un）应当如何来思考。所幸荷尔德林本人为我们提供了合适的帮助。

在荷尔德林的以手稿形式流传下来的文本中，"非诗意地"一词只出现过唯一的一次。对于这个词，海林格拉特在"附录"（第4卷第2册，第392页）中把它标记为异文，同时注明："关于非诗意地一词,可以像塔一样堆成大量的异文,诸如:无限的、不和平的、不令人信服的、不可遏制的。"①

我们应该怎样来思考这些异文的变量呢?莫非只是一个替代另一个,每个在先的被后面一个勾销,以至于只有最后一个才能被视为最终的文本构成?

在斯图加特版中(第2卷,第868页),这些同样的异文被标记为"叠在一起的",但取代"非诗意地",处于同一页面最上方的"不可遏制地"一词被视为有效的,被纳入文本中了(第2卷,第234页和第237页)。依照语文学的规矩(参看斯图加特版,第1卷,第319页),这可能是正确的做法。但在诗学上讲,也即从诗意上看,这却不是真实的;它没有揭示出诗人想要道说和确定的东西。

这些异文显示出要在"非诗意地"当中来规定"诗意地"的努力。"非诗意地"指的是"诗意地"的非本质(Unwesen),指的是"诗意地"的阴森可怕。"非诗意地"是"夜的幽灵"在其中得以言说的"大量言语"的形容词;它"诱说""我们的国度",它"使天空刮起风暴",对天空怀有敌意和叛逆。

在"非诗意地"中,"诗意地"并没有消失;而毋宁说:"有限的"东西被蔑视,"和平的"东西被干扰,"令人信服的"东西被消解,"抑制"颠倒为"释放"。所有这些都是在说:赋予尺度的东西没有得到允许,采纳尺度者被搁置了。倾心之地带被掩埋起来了。

前面例举的、在手稿上得到证实的片断(它道说了"非诗意

---

① 此处"无限的、不和平的、不令人信服的、不可遏制的"德语原文为 unendlichen, unfriedlichen, unbündigen, unbändigen。这四个形容词与"非诗意的"(undichterisch)一样,词首均为"非"(un),显然这个"非"也可译为"不、无"。——译注

地")与被认为可疑的"人诗性地栖居"这个文本是息息相关的,这种共属一体性已然跃入我们的眼帘。

可是,两个文本之间的区分依然存在。由海林格拉特出版的片段《至近的至善》并没有言说人的栖居。至少看起来如此。但被拜斯纳(Fr. Beißner)收入斯图加特版中的文本《颂歌草稿》(以《至近的至善》)直接排除了这个假象。这三个稿本(第 2 卷,第 233—239 页)令人信服地"按照手稿特性"(第 2 卷,第 867—868 页)被编在一起,并且被解释为关于"回归祖国之后一段全新的、充实的时间的开启"的诗歌(第 2 卷,第 870 页)。对于这种回归,以及由于投向于此回归而产生的忧心,荷尔德林的哀歌《还乡》已经作了诗意描写。(参看《海德格尔全集》第 4 卷或者《荷尔德林诗的阐释》第 5 版,其中增收了两个演讲。即《荷尔德林的大地与天空》和《诗歌》)[①]。

荷尔德林的诗歌坚守于对"还乡"(Heimkehr)的忧心(Sorge)。那是忧心于对人之诗意栖居的地方(Ortschaft)的创建,是急切地期待对这种尘世逗留的拯救。当《至近的至善》这个草稿指出"非诗意地""大量言语"时,荷尔德林未曾明言地道出了这种急切期待。

然而,自从荷尔德林创作了他的歌,或许已经太过清晰地表明:这种诗歌的道说和期待是徒劳的。关于人之诗意栖居的诗句依然没有实现,依然是一个唯一的大幻觉。

---

① 参看海德格尔:《荷尔德林诗的阐释》,中译本,孙周兴译,北京:商务印书馆,2014 年。——译注

然而，同样依然大成问题的是，我们以这个论断，是否已经充分忍耐地思考了诗人的诗句？就连当今时代的人，也是以自己的方式诗意地栖居的，即是说，人在命名着人之此在(Dasein)的名称中非诗意地栖居。对于人力求把自己以及可订置的存料生产出来的意志而言，人是从这个被他的谋制(Machenschaft)弄得畸形了的大地/地球中取得尺度的。人没有倾听荷尔德林对此问题的回答："大地上可有尺度？绝无。"

实际上，"诱说我们的国度"的"大量言语"，只是一种语言的千篇一律，越来越快速地，所有道说(Sagen)都被平整到这一种语言了，那就是：计算机的信息语言。对于只会计算的人来说，尺度就是定量。

无疑地，荷尔德林尚未预见到今天的世界状况，更没有描述今天的世界状况。

但尽管如此，荷尔德林的诗句所创建的以及托付我们去追思的东西依然不变。

有许多东西需要我们关注，也就是说，需要我们在运思之际加以经验。对我们来说当务之急是：

首先要思一思我们的世界逗留本身的非诗意性，要把人的谋制(Machenschaft)经验为人的命运，而不是把它贬降为任意专横和蒙蔽；这就意味着：我们要思一思，在这片大地上不仅没有任何尺度，而且在行星意义上被清算的地球也不能赋予任何尺度，而倒是被拖入无度之中了。

在非诗意中思诗意——要做到这一点，遁入貌似具有平衡作用的辩证法之中寻找出路，这当然是不够的。

我们总还过于仓促地错失了对"不"(Nicht)与无(Nichts)之奥秘的思索。

我们尚未足够清晰地经验到在隐匿(Entzug)中显露给我们的东西,因为我们尚未了解隐匿本身,尚未了解非诗意中的诗意。

29. 所思

致勒内·夏尔的友好想念

时间

何其迢远？
唯当那钟点在往返摆动中，
你听：它逝去，已经逝去，
而又不再逝去。
白昼已晚，那钟点，
只是去向时间的苍白踪迹，
趋近有限，
从中脱颖而出。

道路

道路，
思之道路，自行不息
且消隐。何时重返，

何所期望？

道路,自行不息,

一度敞开,又突兀锁闭的道路。

更晚近的道路；

显示着更早先者：

那从未通达者,命定弃绝者——

放开脚步

回应那稳靠的命运。

复又是踌躇之黑暗的困顿

在期待之光芒中。

暗示

算计者愈急迫,

社会愈无度。

运思者愈稀少,

写诗者愈寂寞。

而预感者愈困顿,

预示着救渡的暗示之遥远。

地方①

思同一事情,
思其同一性之丰富。
漫长曲折之道路,
行入其地方的益发单朴、纯一中,
那自弃于不可通达之中的地方。

塞尚

慎思中何其泰然,
老园丁瓦利埃的形象
多么静穆,在卢浮的小路旁,
呵护那毫不起眼的事物。

在画家的后期作品中,
在场者与在场之二重性合而为一,
同时"实现"又克服,
转变入神秘的同一。

---

① 此处"地方"原文为 Ortschaft,在海德格尔那里,"地方"和"位置"(Ort)有特殊的意义,是在"本有"(Ereignis)的涌现和运作的意义上来使用的。——译注

从中不就显示出一条路径,
通入诗与思的一体么?

序曲

让思的道说安于其严格之寂静,
听凭其绝无仅有。

于是乎也属稀罕,本有中被用者,[①]
大胆成为歌之贫困序曲
这唯有诗人吟唱的歌
久已闻所未闻。

歌与思想的二重性萌发于同枝:
乃归功于突兀的暗示,
出自命运之暗冥。

谢恩

归功即:让自行道说而归于本有,

[①] 后期海德格尔有"本有""用"人,"本有之说"通过"人言"而展开的思想,是谓"本有中被用者"(Gebrauchte im Ereignis)。——译注

那有所归本有所用的本有。

达乎此地方的道路何其迢遥：

思由之而来愈加适恰，

得以反身而思，

则思愈能救其贫困潦倒之行止。

然则贫困者自得于微薄。

其未被道出的遗赠，

浩然保持在记忆中：

道说无蔽：即澄明——

那自行隐匿的权能之解蔽。①

---

① 最后两句诗的原文为：Sagen die Ἀλήθεια als: die Lichtung: / die Entbergung der sich entziehenden Befugnis。在后期海德格尔思想中，"无蔽"（Ἀλήθεια）、"澄明"（Lichtung）与"本有"（Ereignis）具有同等位值，都是指示"思想的实事"的基本词语。——译注

30. 活的兰波[①]

勒内·夏尔（René Char）在为阿图尔·兰波[②]选集所写的"导言"中已经说了指点迷津的话。他出于对这种诗作整体的洞察，深思熟虑地把诗人的两封书信纳入到了"著作"中来，两封信分别写于1871年5月13日和15日。在15日的信中，兰波自己告诉我们，一位诗人如何保持为"活的"：即通过来临中的诗人采纳他自己已然抵达的视域："他抵达未曾谋面者！"

我们如今的人已经足够认识兰波曾经"看过"的视域了吗？

我犹疑于回答，持留于问题。诗人在这封信中的两句话，可以帮助我们更清楚地提出这个问题：

"在古希腊……诗行和琴弦都是行动的节律。"

"诗歌不再是行动的节律；它将先于一切！"

不过我必须得承认：出于很多原因，对兰波所强调的词语的解释，

[①] 原文为法语 Rimbaud Vivant。——译注

[②] 阿图尔·兰波（Arthur Rimbaud, 1854—1891年）：法国著名象征主义诗人。——译注

只局限于以问题的形式来猜度。

大写的"l'Action"[行动]只意味着人的行为和影响吗,或者它所指的,是在整体中现实作用之物?这种现实作用之物能和当下之物相等同吗?何谓:诗作的语言将现实之物带入平衡意义上的节律?

相反,绝对现代的诗歌不再位于这种使命之下,"它将先于一切"。

"en avant[先于]"只是在时间意义上来理解吗?诗作的语言预先道说,因而先知性地、预见到将来,可作为诗作同时又在节律中言说吗?或者"en avant[先于]"所指的并非时间关联?兰波通过他的话"它将先于一切",为诗作指示了先于一切人类行为举止的优先地位?

进而,诗歌在现代工业社会的世界中居于优先地位,这意味着什么?这被证明是错误吗,即便着眼于这句兰波的话来看?或者这里所提的各种问题证明了,诗作"抵达了未曾谋面者?"并且恰恰因为诗作在当今几乎无望地争夺它的优先地位?

无可通达者的临近一直是已然变得稀奇的诗人们前来投宿的地带,起初他们也只是被指向那里,在思考兰波的话语之际,我们或许可以这样说。不过这是在一种命名了那个地带的道说中发生的。这种命名不得是一种召唤吗?唤入并且能够唤入无可通达者的近处,因为这种召唤已经"预先"属于这种临近,并因这种属于而将世界整体带入诗性语言的节律?

可这里的希腊语词 Rhythmos 想要道说什么?为了恰切地理解它,我们不是必须得重新返回到古代希腊人那里,并思虑一位远古诗人的话语?

阿尔基洛科斯(公元前650年左右)说:

γίγνωσκε δ'οἷος ῥυθμὸς

ἀνθρώπους ἔχει.

"而认识到,一种仿佛摇篮的关系掌握着人类"①

原始希腊经验中的ῥυθμὸς[节律]是无可通达者的临近吗?并且作为这个地带而掌握着人类的关系(Ver-Hältnis)?来临中的诗人所作的道说是在这种关系构造中建造,并在地上为人预备新的居所吗?或随着语言学和信息学对语言日益迫人的摧毁,不仅诗的优先地位,而且语言本身的可能性都被冲刷殆尽了?

如果我们向自己提出这些问题,如果作诗者和思想者一直都感到"为不可知者而擦亮眼睛"的必然性,那么兰波就仍然活着。可只有在对这种不可知者保持"沉默"(特拉克尔)时,它才能被命名(前述意义上的命名)。而只有能说出指点迷津之语的人,并且能用赋予他的词语之力已然说出这些话的人,才能真正地沉默。这种沉默不同于单纯的默不作声。他的不再说话是一种已然说完。

我们是否已经在阿图尔·兰波的诗作之所说中,足够清晰地聆听他的沉默?我们是否已经在其中看见他从中而来的视域?

---

① 海德格尔的译法有些怪异,原诗全句大体可译为:"在不幸中,认识到人类总在迁变的命运,从中得到安慰。"——译注

31. 语言

语词何时

重归于词?①

风儿何时

于指引方向的转折逗留?

当话语,这遥远的馈赠

道说——

不再通过刻画来表达意义——

当它在原始的成己之处②

——终有一死者居有着风俗——

通过指示来承担,

寂静之声呼唤的方向,

---

① 德语中 Wort 有两义,或为"话语",或为"(单)词"。"话语"的复数形式为 Worte,"(单)词"的复数形式为 Wörter。原文此处即 Wörter[词语、语词]和与之对应的 Wort[词]。下一节出现的则是 Worte[话语]。——译注

② 此处"成己"原文为 Eignis,或译为"本己化",关联于海德格尔后期的基本词语 Ereignis[本有],也关联着下一句中的 eignend[居有着]。——译注

面对使命

早先之思顺从甘居的地方。①

---

① 此处"使命"原文为 Be-Stimmung,通过分隔符,海德格尔强调使命与 Stimmung[情绪]和 Stimme[声音、音调]的关联。承接使命或获得规定性即聆听存在的声音、进入其音调和情绪。——译注

32. 圣名的缺失[①]

在颂歌《诗人的天职》倒数第二节,荷尔德林坦言:

"并且乐于结伴,他们由此理解
帮助,一位诗人与他人结伴。"

谁是这些"他人"？是其他诗人吗？是那些以不同于诗人的另一种方式道说的人吗？或许是思者？他们应当"帮助理解"。何谓这里的理解？如何带来帮助？首先——需要理解的是何物？

荷尔德林的话？甚或,那首要且不断迫使诗人进入道说之物？

问题接着问题,要得澄清,我们唯有沉思地倾听荷尔德林的话语,那遥远的先知之见:提坦们的统治和造作。

提坦们

"时候未到。

[①] 原文全篇用诗行写成,可韵律殊不严谨,中文也无法对应,故而改诗行为段落。这样也可突出文中真正的诗行。另,原文中"圣名"为复数。——译注

> 他们仍旧
> 未被束缚。
> 心无关切者
> 不为神性之物所动。"

那迫使诗人道说之物,是一种急难。急难隐藏在神性之物缺席的在场。

在其哀歌《返乡》最末一节,这种缺席达至简朴、明了一切而又充满神秘的话语:

> "缺少圣名,"①

通过经验其来源来洞察这种"缺失"中特有的东西,是能够有助于理解急难的巨大保障,这种来源或许藏匿于神圣者的扣留,和对一种恰切命名的拒绝,即拒绝一种合适的、能够澄明自身的名称。

技术时代果能经验到规定其自身的集置之权力,并且展现出"缺失"在其中如何——即以伪装的方式——占据支配,那么救赎者的地带就作为可开放参与之物,被分派给人类的此在了。

然而,我们已经识得此种经验的道路场域(Wegfeld)了吗?我们以一种充分的方式识得这条道路中特有的东西了吗?这是一

---

① 和标题一样,这里的"圣名"也是复数,只是拼法略有不同,是 Nahmen 而非 Namen。——译注

种合乎实事的思想作为经验必须走上的道路。

看似如此。

因为按品级论,在对思想之实事展开任何澄清之前,位于现代思想开端处的是关于方法的论文:笛卡尔的《谈谈方法》和《指导思想方向的原则》。并且在这种思想的完成时代——在黑格尔《逻辑学》的结尾部分——思想的方法甚至明确地被等同于思想的实事。

然而——思想的方法与道路是一回事吗?在技术时代也许恰恰要沉思不同于方法的道路的特性?确然——要查明真相。可用古希腊语最为明白地说出真相,尽管这句话从未见于希腊人的思想。ἡ ὁδός - μήποτε μέθοδος,道路从不(是)一种方法。

方法——即针对……设置思想过程,将一件事作为对象来跟踪、来追捕、来追逐,从而让它可以被概念所把握。这些对于道路而言是陌生的。

> 道路是途中之路
> 它引领并澄明
> 因诗化而带领。

诗化——在此意谓:让在场之为在场的纯粹召唤自行道说,即便这只是,恰恰因为这是,一种抽离和扣留的在场。

> 道路不识方法
> 不识证明,不识居间调停

只有一种具备道路品格的思想才可能为缺失的经验作预备。这因此可以"帮助"不得不道说缺失之急难的诗人"理解"。在此，理解并非让人明白，而是忍受急难，那种开端性的急难，而"圣名"缺失的急难正源于此：存在之遗忘，也就是说作为在场的存在的特性的自行隐匿（Λήθη）。

初看起来，"存在之遗忘"所称呼的是一种缺失，一种遗漏。事实上，这个词语所命名的是存在之澄明的命运性发送①，因为只有存在之澄明，'Αλήθεια[无蔽、真理]，守住自身，扣留自身不给予思想，这种发送作为在场才能变得显明，才能规定存在者；这正是在西方思想的开端处并且作为西方思想的开端所发生的事情，此后标识了存在历史的各个阶段，直至当今的技术时代；技术时代虽不识存在之遗忘，却仿佛将其作为自身的原则来遵从。

在场之为在场对其澄明的扣留却使得"圣名"的缺失无法特别地作为缺失来被经验。

我们比过去任何时候都更加远离这种可能性：即对这一真相加以认识，并任其作为被认识的真相而起作用。

因为我们对思想的道路特征一直缺乏洞察和担保，唯有这种道路特征才能确保一种对于存在之遗忘的经验，而这也就是对于"缺失"之起源的经验。

当然——如今占据支配地位的表象习惯是难以瞥见思想的道路特征的。因为思想的道路特征太过简单了，对于占支配地位、陷

---

① Geschick 意为"命运"，可海德格尔也取其词根义 schicken，故而在此译为"命运性发送"。——译注

于无数方法的"思想"而言,这种特征正因其简单而难以通达。单单各式辩证法的统治就已经堵塞了通往道路本质的道路。

而只要对于道路的瞻望还没有告诉我们,一种本己的在场方式也在和如何在抽离、扣留之际占据支配,那我们对缺失所特有的逼人的在场就还是盲目和无动于衷的,这种缺失蕴藏圣名及这种神圣本身于自身,却将之隐藏起来了。

缺失从一种开放地带而来,在场显现①,只有在这样一种开放地带的逗留,才能确保洞察的可能,即洞察到以缺失的方式如今存在的东西。

---

① 形容词 anwesend 为"在场",名词 Anwesen 为"财产",海德格尔在这里用动词 anwest,在"在场"之外,还关联着词根 Wesen[本质],有"将本质定于……"、"在一个地方展现本质为……"之义,权译为"在场显现"。——译注

33. 弗里多林·维普林格的最后造访

在一个夏末午后,他来到我们的退休地,神色不安地走进我那狭小的书房。然而,这不安显然既不是源于年轻人在长者面前的羞怯,也不是因为学生在老师面前感到没有把握。不安沸腾于他的内里。当他坐下来,我跟他说:"您端坐在一幅家乡画作的护佑之下。"这时,他至少看上去平息了下来。椅子上方挂着一幅阿达尔贝特·施蒂夫特(Adalbert Stifter)的小幅素描,是他的原作,原为汉斯·卡罗萨(Hans Carossa)所有。画的是三位圣星唱游者。[①]不过,弗里多林·维普林格几乎没有注意这些。

他毋宁直接用这句话开始了交谈:"一段时间以来折磨着我的,是您出版于的1946年的《关于人道主义的书信》的开篇。""您指的大概是,"我回答说,"关于委托给伟大思者的那种思想的话吧,说的是,这种思想作为思想已然是行动,不需要首先关乎实践才算行动。"有关于此,我补充说,他在长年深究底里的亚里士多德研究中应该已经遇到过了,他应该已经认识到,在希腊人那里Theoria[静观默思]所称谓的东西不同于人们如今用"理论"一词

---

① 南德习俗,孩子们会在三圣节(1月6日)扮成三王朝圣的样子,挨户串门唱歌,获赏零钱。——译注

所指的东西,如今所谓"理论"一开始就只被理解为实践的工具。需要区分的是:作为洞察存在者之存在的理论,和作为主导观念用来处置存在者的理论。

"当然,"他肯定地回答并接着说:"恰恰当我在存在论的意义上把握 Theoria[静观默思],就碰到了各种极大的困难;因为对我来说,存在论思考也是关乎实践的,只不过是在更高的意义上关乎实践,即把实践理解为基督教的启示信仰。"

然后,维普林格几乎是在自言自语中,详细讲述了他迄今为止的徒劳努力,既一方面努力在他的严格性中把握哲学思想,另一方面又努力用它来服务于基督教信仰的解释,并且丝毫也不触犯这种信仰的神秘特征。

在讲述的过程中,他越来越激动,略带锋芒的目光有些僵硬了起来。他常常断言:"我还没有搞明白。"我听任他说了一阵,而后请他给我谈谈他的教学活动和进一步的工作计划,为了让他平静下来。他也谈了这些,不过总是不断地重复他的论断,话中也并无怨气:"一切都不确定。"

我提醒他要考虑到,在他这个年纪,还有很有长的时间可以去成熟和澄清;他切不可操之过急;对位于思想上方的命令我们知道得还不充分;思想之为思想已然是行动,对于此事及其缘由我们都还没有充分的考虑;我们在一切当中忘记了,巴门尼德曾经被特意告知的话:"思想的小道远离人类通常交往的路途";无疑,早先思想的这个提示禁止任何的狂妄,而是要求他的追问不断变得更有问题性质;对于一个急剧变化和渴求信息的时代而言,这样一种要求自然是一种令人感到陌生的苛求。弗里多林·维普林格变得更加平静了,至少看起来如此;因为当他起身告别的时候,他转向了挂着斯蒂夫特小幅图画的墙壁,观看了许久然后说道:"创立者①——我们的国度",我补充说:"也以隐藏的方式是我们的国度。"而后我把他送上车。在告别的时候,他的手比通常多握了一会我的手。我还问他,他是不是现在要从这里开车去维也纳。他回答说:"不,我先还得拜访一遍我所有的朋友。"

几个月后,传来了他突然去世的消息。

弗里多林·维普林格是在其思想激情中耗尽了自己。

突然的告别给他的亲人和朋友们带来了一种几无可能治愈的伤痛。

而今——伤痛逐渐转变和缓和为对离别者的感念(Dank)。

达至感念的人们,经验到感念本身所蕴藏的充满神秘的回忆力量。

---

① 德语名字 Stifter[斯蒂夫特]的字面含义是"创立者,捐赠人"。通过画面中扮演三王的三个孩子,此处概指向作为"我们国度"创立者的耶稣。——译注

34. 回忆艾尔哈特·凯斯特纳[①]

聆听寂静之声的人们

是否信赖一种遥远恩惠的到来？

然则我们存在何处……

然则我们存在何处，

当我们努力实行里尔克的呼喊：

"必先行于所有分别……"？[②]

栖居于死亡？

未经涉足之地，

并非终结，亦非转折。

不曾听过的声响

从开－端

直至纯然无化：

---

① 艾尔哈特·凯斯特纳（Erhart Kästner, 1904—1974 年）：同时代著名学者，曾任享有世界声誉的奥古斯特公爵图书馆馆长，且贡献卓著，并有著作数种。留下与海德格尔的通信一卷。——译注

② 致俄尔甫斯的十四行诗，二部，13 节。——原注

存有的原始形象，

无可毁坏；

在二中为一：①

最遥远的地方

紧邻之临近。

更丰厚地捐赠……

比诗更丰厚地捐赠

也比思更深地奠基，

此即感谢。

它将能感谢者

带回到无可通达者的在场面前，

这无可通达者的在场啊

我们终有一死者起初亦与之相适合。②

祝福艾尔哈特·凯斯特纳

马丁·海德格尔

---

① 或可大胆译为"太极分两仪"。——译注
② "相适合"的原文为 ge-eignet，海德格尔用分隔符强调了这种"适合"与 Er-eignis［本有］、Eignis［本己化、成己］的关联。——译注

35. 马丁·海德格尔的祝词

今天,作为先此获得殊荣者,我衷心祝贺共同的家乡梅斯基尔希的新晋荣誉市民——本哈特·威尔特(Bernhard Welte)。[①]

我们两位一同心怀感恩地向卓有贡献的许乐市长致意,向各位市议员和全体市民致意。

我们两位也一同在这个日子再次感念大主教康拉德·格汝伯博士(Conrad Gröber),他也是一位我们的家乡之子。他的形象曾在不同的时候以各不相同的方式,对我们二位具有规定性。

这颁发荣誉的节日令人欢欣鼓舞。所有参加者该当一道作精神的沉思。因为值得深思的是,在技术化的、千篇一律的世界文明的时代,家乡是否以及如何可能。

[①] 弗赖堡大学神学教授,一位与海德格尔相过从、受其影响的天主教神学家。海德格尔临终前嘱托威尔特在其葬礼上讲话。——译注

文 献 说 明

(置于标题后面括号中的年份交代了写作时间)

亚伯拉罕·阿·圣·克拉拉(1910年)这篇如今鲜有人知的文章概是海德格尔发表的第一篇文章,1910年8月27日发表于一份题为《汇评》的政治与文化周刊,第7年度,第35号,第605页,慕尼黑。1910年8月15日,年轻的神学系学生在家乡梅斯基尔希的一个邻村克里汉斯腾,参加了亚伯拉罕·阿·圣·克拉拉纪念碑揭牌仪式,并就此写下了自己的所思所想。

早期诗歌(1910—1916年)前三首如今同样鲜有人知的诗也发表在《汇评》,政治与文化周刊,慕尼黑,第7年度,第44号,1910年10月29日,第775页;第8年度,第12号,1911年3月25日和第14号,1911年4月8日,第246页。关于《晚间漫步赖兴瑙岛上》:1916年夏,作为士兵的海德格尔曾和未婚妻埃尔弗里德·佩特里(Elfride Petri)、未婚妻的女友格特鲁德·蒙多夫(Gertrud Mondorf)一道,在赖兴瑙岛上度过了几天假期。在那儿写的诗发表于:《博登湖志1917年》——一本为当地人编的书(第4年度),第152页,罗斯和伊塔出版社,康斯坦茨(巴登)(未标明出版年份)。诗的倒数第三行有别于之前印刷出来的版本,校改基于海德格尔自用的样本。

生机勃发的风光：我们为何待在乡下？（1933 年）在 1933 年秋拒绝了柏林大学的第二次聘任之后所作，首播于柏林电台。梅斯基尔希的《豪贝格民报》对此作了报道。《弗赖堡每日邮报》于 1934 年 2 月 23 日略作删减、转载了这篇报告。弗赖堡电台和南部电台于 1934 年 3 月 2 日播出了报告，上巴登国社党的战斗性刊物《阿雷曼人》在每周一期的文化副刊上刊发了报告全文，1934 年 3 月 7 日，第 9 期，第 1 页。在未经授权的情况下，古尔多·施内伯格（Guido Schneeberger）将文章收入《海德格尔拾遗》，伯尔尼，1962，第 216—218 页。

通向交谈之路（1937 年）发表在布莱斯高地区城市弗赖堡年鉴第一卷《阿雷曼乡土》，这是一本关于民族性和历史使命的书。由英格豪（J. Engelhorn）的继承人、市长弗朗茨·凯尔伯（Franz Kerber）博士为布莱斯高地区城市弗赖堡而编，斯图加特，1937 年，第 135—139 页。在未经授权的情况下，古尔多·施内伯格将文章收入《海德格尔拾遗》，伯尔尼，1962，第 258—262 页，君特·布塞（Günter Busse）将文章重刊于《哲学研究杂志》，第 34 卷，第 1 本，第 118—121 页，梅森海姆/格兰，1980。

暗示（1941 年）1941 年在梅斯基尔希的豪贝格印刷厂作为私人印刷品印制。

索福克勒斯的安提戈涅合唱(1943年)海德格尔在1935年夏季学期的《形而上学导论》讲座课上曾朗读过合唱翻译,1943年作了实质性修改,作为私人印刷品题献给他的太太艾尔弗里德的五十岁生日,并少量赠送。

对泰然任之的探讨(1944/1945年)这篇探讨是1944/1945年间写下的一个长篇对话的已发表部分,对话在一位研究者(F),一位学者(G)和一位老师(L)之间展开,首次发表在海德格尔的《泰然任之》,贡特·纳斯克出版社,弗林根,1959年,第29—73页,第7版,1982年。也收入汉斯·迪特·齐默曼(Hans Dieter Zimmermann)所编的《理性与神秘》,英泽尔出版社,1981年,第177—201页。

从思想的经验而来(1947年)首先作为私人印刷品在本特利印刷厂股份公司印了50本,且逐一编号,伯尔尼-伯姆普里茨,1954年又在贡特·纳斯克出版,弗林根,共27页(多了四句诗行),第五版,1981年。

乡间路(1949年)首先载于《康拉丁·克罗策的城市梅斯基尔希》,在巴登州军政府的同意下,作为第323号出版。没有页码,梅斯基尔希(没有年代)(1949年年初)。而后于1949年十月,作为不可售卖的私人印刷品,由维多里奥·克劳斯特曼出版社印了400份。然后又以"乡间路的慰语"为题,发表在《周日报》上,第2年度,第43号,第5页,1949年10月23日发行于汉堡;又以"乡间路"为标题发表在《词与真》,第 5 卷,维也纳,1950 年,第 267—269 页。《乡间路》,7 页,维多里奥·克劳斯特曼出版社,法兰克福,1953 年,第 7 版,1983 年。

林中路("未来的人……")(1949 年)这篇短文首先以摹真本的形式出现,而后被转载于 1949 年 9 月 26 日的《世界报》。

关于莫里克的一首诗(1951 年)埃米儿·斯泰格(Emil Staiger)与马丁·海德格尔的一封通信。1951 年载于《三艺》,第 9 期,第 1—16 页,而后亦载于埃米儿·斯泰格:《解释的艺术》,苏黎世,1955 年,第 34—49 页。

什么叫阅读?(1954 年)马丁·海德格尔将这份手写草稿交给了有关课堂教学和教育的杂志《中小学世界》,供其发表,摹真印于第 7 年份第 11 册扉页上(埃亨维特出版社——慕尼黑——奥登堡出版社),1954 年。

关于钟楼的秘密(1954 年)在法兰克福的克劳斯特曼出版的著作《马丁·海德格尔——家乡小城梅斯基尔希祝贺其八十大寿》中刊发,第 7—10 页,第 1969 年。

写给朗恩哈德的《黑贝尔》书(1954 年)海德格尔于 1954 年 11 月 30 日在弗赖堡-策林根为伯尔尼来的客人作了讲话,讲话并未发表,这一篇正是讲话的底稿,发表于《祖先》——家乡报纸《拉尔报》,第12个发行年度,第48期,第192页,1954年12月9日。

论西斯廷(1955年)发表于马里兰·普策尔(Marielene Putscher):《拉斐尔的西斯廷教堂圣母画——作品及影响》,图宾根,1955年,第174页。

约翰·彼得·黑贝尔的语言(1955年)发表于月刊《光路》——家乡和人民生活报,第5个发行年度,第7册,弗赖堡,1955年,第3—4页,并载于《家乡巴登-符腾堡》,鲁道夫·K.歌德施密特-叶特纳(Rudolf K. Goldschmit-Jentner)和奥托·赫尔施雷(Otto Heuschele)主编,卡尔·普菲凡出版社,海德堡,1955年,第324—326页。

与奥特加·伊·加塞特的会面(1955年)在这位西班牙哲学家去世之后,马丁·海德格尔于1955年受马德里大学"政治学研究所"主任雅非·孔德(Javier Conde)的请求,为国际西班牙语协会杂志《克拉维勒诺》写文章表彰奥特加·伊·加塞特(Ortega y Gasset)。海德格尔的这篇文章迄今只在这个杂志上以西班牙语译文的形式发表过,第7个发行年度,第39期,第1—2页,1956年5/6月。

什么是时间?(1956年)德国《时代》周刊编辑部在创刊十周年时,向长年订阅《时代》的读者提出了这个问题。1956年2月23日,《时代》在第8期第14页上也发表了海德格尔的回答。

黑贝尔——家之友(1957年)作为小册子(共39页),于1957年由贡特·奈斯克出版,弗林根,第四版,1977年。1956年在罗拉赫举行的黑贝尔庆典上所作讲座的修订补充版。

海德格尔在单行本第12页上写下了这样的说明(本书德文版第136页):

"有关'激发(黑贝尔)修订莱茵家之友日历的好主意',出处可在黑贝尔于1811年11月17日写给卡尔斯鲁的'大公爵的尊贵部长'的信中找到;参看亨利希·冯克(Heinrich Funck):《论莱茵河流域的家之友和约翰·彼得·黑贝尔》,1886年,第77页。

征引黑贝尔时用的是由威廉姆·阿尔特魏格(Wilhelm Altwegg)主编的版本,第1—3卷,亚特兰蒂斯出版社,苏黎世-弗赖堡,1940年;书信用的是威廉姆·岑特纳(Wilhelm Zentner)所编的书信全集版,C.F.缪勒出版社,卡尔斯鲁,1939年。"

手工作坊札记(1959年)为庆祝海德格尔七十大寿刊于:《新苏黎世报》,1959年9月26日,第264号,第10页(外地版),和1959年9月27日同一份报纸的周日版,第2898(69),第5页。

语言与故乡(1960年)因为参加黑贝尔协会的年会,1960年7月2日在维塞尔布亨,在黑贝尔协会和克劳斯·格罗特协会所共同举办的晚会上所作的报告。发表于1960年的黑贝尔年鉴,西霍尔斯坦的出版机构伯恩斯和科,霍尔斯坦地区的海德,第27—50页。(稍作改动后)也发表于:《变迁中持存》,卡尔·J.布克哈特七十大寿纪念文集,格奥尔格·G.W.卡尔维出版社,慕尼黑,1961

年。也见于西奥多·赫斯(Th. Heuss)、卡尔·J.布克哈特(C. J. Burckhardt)、W.豪森斯坦(W. Hausenstein)、B.来芬博格(B. Reifenberg)、R.闵德(R. Minder)、W.博尔根格鲁恩(W. Berengruen)、马丁·海德格尔:《约翰·彼得·黑贝尔》,图宾根,第99—124页。

论伊戈尔·斯特拉文斯基(1962年)当代音乐杂志《美若斯》主编亨利希·斯特罗贝尔(Heinrich Strobel)博士,在1962年6月、第29个出版年度第6期中,以《我们当中的斯特拉文斯基》为题,发表了艺术界和科学界知名人士对其两个问题的回答:您了解伊戈尔·斯特拉文斯基的音乐吗?您喜欢他的音乐吗?在182页上也印了马丁·海德格尔的答复。

致勒内·夏尔(1963年)这篇献词以摹真本的形式发表于《镜后》的《致敬乔治·布拉克》,1964年5月,第144—146期,巴黎麦基出版社。又以摹真本重刊于《德意志年鉴》,阿姆斯特丹,第28个发行年度,1976年12月,第4期。

阿达尔贝特·施蒂夫特的《冰的故事》(1964年)发表于《有影响力的话语》,作者包括伊丽莎白·布洛克-舒尔策(Elisabeth Brock-Sulzer)、马丁·海德格尔、奥托·F.瓦尔特(Otto F. Walter)以及马丁·瓦尔泽(Martin Walser),瑞士图书馆协会,第23—38页,只印1100册并带有编号,瑞士电台和电视协会于1963/64年在苏黎世广播播放了这些文章,海德格尔的文章播放于 1964 年 1 月 26 日。

对曾在之物的暗示(1966 年)马丁·海德格尔在 1966 年秋季为出版商维多里奥·克劳斯特曼(Vittorio Klostermann)写了这篇文章,并将手写的誊清稿寄往法兰克福,为他庆贺 65 岁生日。这篇文章通过摹真和誊写被收入纪念文集《维多里奥·克劳斯特曼 1976 年 12 月 29 日》,以手稿的形式印发于约翰内斯·怀斯贝克,美因河畔的法兰克福,1976 年。

艺术与空间(1969 年)以手写体的形式出版,在布腾河畔的维林重印,于 1969 年在埃尔克出版社印刷了 150 份,圣盖伦。海德格尔将这个文本写在了石头上。在书店可买到的版本还有:《艺术与空间》,埃尔克出版社,圣盖伦,1969 年,第 2 版,1983 年。

符号(1969 年)见于《新苏黎世报》1969 年 9 月 21 日,第 579 号(外地版,第 260 日),第 50 页上带有摹真签名"布莱斯劳的弗赖堡,1969 年 9 月,马丁·海德格尔"。

所思(1970 年)见于:《海尔内－勒内·夏尔》,多米尼克·福卡德(Dominique Fourcade)编,海尔内版,1971 年,第 169—187 页,德法双语(让·波福勒和弗朗西斯·费迪尔翻译)。凯特·郝勒的(Keith Hoeller)的英文翻译和德文版一起刊于《今日哲学》,第 20 卷,第 4/4 期,第 286—290 页,策里那－俄亥俄(美国),1976 年夏。

人的栖居(1970年)马丁·海德格尔为古斯塔夫·希拉德·斯坦伯默(Gustav Hillard Steinbömer)博士的九十大寿而写,"致以充满敬意的问候和祝福"。刊载于《赫斯佩鲁斯——1971年2月24日古斯塔夫·希拉德·斯坦伯默九十大寿纪念文集》,第40—47页,汉斯·克里斯蒂安斯印制,汉堡,私人印刷品,1971年。

活的兰波(1972年)马丁·海德格尔交给罗格·穆涅(Roger Munier)的这篇文章,发表在《现代文学档案》第160卷(1976年第二卷)中,以"今日,兰波……"为题,德语和穆涅的法语翻译,第12—17页,巴黎,1976年。

语言(1972年)首先在法国发表于《陶土》(Argile),附有罗格·穆涅的法文翻译,1973年冬季第一卷,第4页(摹本),第5页(译文),第158页(德文改写),巴黎,1973年。在德国,这个文本以摹本的形式重刊于《回忆海德格尔》,带有标注时间为1976年3月18日的题献"献给帕尼卡教授和他的学生们——致以衷心问候",贡特·纳斯克,弗林根,1977年,第177页,摹真印刷。在这本书中(第176页)印有对这首诗的一种解释,摘自海德格尔于1976年3月18日致帕尼卡的信:"这里所附的文本也是针对四处扩散的语言学而发,这种语言学使得语言的本质服务于为技术所规定的世界——计算机,可事实上是在行摧毁语言之事。"

圣名的缺失(1974年)海德格尔赠送给弗赖堡罗曼语语文学家胡戈·弗里德里希(Hugo Friedrich)的礼物,为庆祝其七十大寿而作。用法语标题——附有罗格·穆涅和菲利普·拉科－拉巴特(Philippe Lacoue-Labarthe)的法语翻译——发表在法语杂志《意外》(Contre toute attente)第 2/3 期,第 40—55 页,1981 年春/夏。

弗里多林·维普林格的最后造访(1974 年)在维也纳广播于 1974 年 2 月 3 日播送的弗里多林·维普林格(Fridolin Wiplinger)纪念节目中瓦尔特·施特罗茨(Walter Strolz)朗读了海德格尔的一篇献文,这篇文章是海德格尔应施特罗茨的请求而写的。在弗里多林·维普林格的遗作《形而上学——其起源与完成的诸种基本问题》中,这篇文章被用作导言,第 5—7 页,彼得·坎姆匹茨编,弗赖堡/慕尼黑/维也纳,1976 年。

回忆艾尔哈特·凯斯特纳(1975 年)海德格尔在 1975 年 12 月为追忆艾尔哈特·凯斯特纳(Erhard Kästner)而写下的一首诗,摹真刊于《艾尔哈特·凯斯特纳——用资料和图片来讲述的生平与著作》开篇处,英泽尔口袋书第 386 号,阿尼塔和莱恩嘎特·凯斯特纳(Anita und Reingart Kästner)编,莱茵河畔的法兰克福,1980 年。在这本书的第 188/189 页,也摹真刊印了海德格尔手写的祝词,艾尔哈特·凯斯特纳在去世前几天收到了这份祝词。

马丁·海德格尔的祝词(1976 年)就在去世前几天,海德格尔为同他交情甚笃的同乡和同事本哈特·威尔特(Bernhard Welte)及其家乡梅斯基尔希写下祝词,1976 年 5 月 28 日,在海德格尔于同一天下葬之后,在威尔特的荣誉市民颁发典礼上,宣读了祝词。

这篇祝词是海德格尔所写下的最后的话。迄今曾刊印于：梅斯基尔希城——"本哈特·威尔特教授的荣誉市民庆典"，1978年，第17页。

编 者 后 记

将六十六年来散落各处的短文、思想经验搜罗一处，按年代顺序编排，以《从思想的经验而来》为题重刊于全集第 13 卷，这仍是马丁·海德格尔自己的主意。他也亲自规定了，要把生活在边境上的农妇和乡土女诗人丽娜·克罗默（Lina Kromer，1889—1977 年）的诗篇《一粒种子入土》放在这一卷的卷首。

这一卷集合了马丁·海德格尔所发表思想的最早和最后的见证，早在写于故里、发表于 1910 年的第一篇文章中，已经可以看到，一位年轻人在此踏上了一条思想道路，他很快就意识到，这条道路将永无尽头。

许多短篇涉及的是诗歌、艺术和音乐的领域。思想经验的多样性清楚表明，马丁·海德格尔的思想努力远远超逾到通常所谓哲学之外。他最后一次思想表达是对家乡梅斯基尔希的致意，这似乎有着一种象征意味。

*

在《从思的经验而来》自用样书中，马丁·海德格尔为"谁有伟大之思，必有伟大之迷误"这句话写下了一个解说，特公布于此："所指无关个人，而是关乎真理之本质中具有支配性的迷误，每一种这样或那样听从命令的思想都被抛入其中(参看《论真理的本质》1930年和《什么叫思想?》)。比'迷误'更清楚的是:'迷途';与本己①的关联由此得到暗示。在存在－天命(Seins-Geschick)中,迷途是隐藏着的、预备好的。

　　伟大思想家的(正面来看的)迷途尚未得到注意。"

＊

　　这个版本位于全集版的框架内,基于海德格尔自己搜集的单行本、他所用的和部分尚且留存的手写草稿。印刷中的印刷和书写错误得到了纠正,自用样书中细微的调整和润色也被吸收了进来。

　　我要感谢菲利克斯·埃克斯坦(Felix Eckstein)教授和哲学专业博士候选人汉斯－海尔穆特·甘德(Hans-Helmuth Gander)先生,他们就文献出处给予了指点。我要感谢我的太太尤塔,感谢路易丝·米歇尔森(Luise Michaelsen)博士和克劳蒂尔德·拉普(Clothilde Rapp)两位女士。

　　1983年7月3日是我母亲艾尔弗里德·海德格尔的九十大寿,愿这一卷的完工能给她带去一种特别的快乐。

阿藤谷,1982年10月15日
赫尔曼·海德格尔

---

① 此处"本己"(Eignis)或译为"本己化"。注意Eignis一方面与Irrnis一样都用词尾-nis强调过程性,另一方面又关联着后期基本词语"本有"(Ereignis)。——译注

译　后　记

　　本卷为《海德格尔全集》第 13 卷，收录了马丁·海德格尔（Martin Heidegger，1889—1976 年）作于 1910 年至 1976 年间的 35 篇短章，在时间跨度上与第 16 卷相同，来自作者长达 66 年的哲思生涯。而正如书名《从思想的经验而来》(*Aus der Erfahrung des Denkens*)所显示的那样，收入本卷的 35 篇文章显得比较纯粹一些，皆起于"思想的经验"，因而与更多具有传记文献性质的第 16 卷有所不同——当然，第 16 卷虽名为《讲话与生平证词》(*Reden und andere Zeugnisse eines Lebensweges*)，但其中亦不乏重要的思想文本。主体多为短篇，时间跨度也一样，故本卷与第 16 卷是可以相互参照阅读的。

　　尤其是因为，海德格尔在本卷中从思想的经验出发，对诗歌、艺术（造型艺术）和音乐等领域的探讨，其中不乏名篇，如讨论约翰·彼得·黑贝尔诗歌的《黑贝尔——家之友》，一般地讨论雕塑的《艺术与空间》等。另外，本卷也收了海德格尔自己写的几组诗歌，主要有《从思想的经验而来》和《所思》两组。海德格尔这些诗作虽然难言高超的诗艺，也相当晦涩难懂，不了解海德格尔思想的读者，怕是没法子体会其中的意味的。海德格尔的诗，本色上还是思性的（denkend），或者我们也可以说，它与诗与邻的"思"，故不能以通常的诗学标准要求之。

无论如何，本卷充满着诗情画意，与海德格尔的其他大部分著作相比，有着特殊的趣味，在一定意义上有较强的可读性——虽然我们知道，就海德格尔的文本来说，所谓的"可读性"永远是一个大成问题的说法。

此外值得说一说本书书名的翻译。本书书名 *Aus der Erfahrung des Denkens*，我们把它译为《从思想的经验而来》，但其实，我们也可以把其中的介词"aus"译为"基于"或者"起于"，则书名可为《基于思想的经验》或者《起于思想的经验》，甚至可以干脆不译介词"aus"，谓《思想的经验》。这些都可以成立的。我们取《从思想的经验而来》，主要是考虑了字面义的完整性，仅此而已。

这里可能更为麻烦的是"思想"（das Denken），因为海德格尔试图把"思想"与"哲学－形而上学"区分开来，认为"哲学－形而上学"并不"思想"（denken）；再者，海德格尔更偏重于从动词意义上来理解"思想"（das Denken），并把它与"作诗"（das Dichten）并举或对举。因此，我们不免迟疑、甚至不好意思径直把海德格尔意义的 das Denken 译为"思想"。中文世界最早译介海德格尔思想的已故的熊伟先生主张把海德格尔使用的 das Denken 译为"思"，有时候很有味道，比如海德格尔后期常讲的 das Dichten und das Denken，译为"诗与思"特别好，译为"诗歌与思想"在语感上就要差许多了。但现代汉语学术术语毕竟以双音词为主，也已成习惯；再说同一个 das Denken，在其他哲学家那里统统是"思想"，而到海德格尔这里则成了"思"，可谓"因人、因义定译"，并不是最好的做法——对于同一个词，不同思想家有不同的理解和赋义，难道我们都得取不同的译名么？在这方面，我始终主张以"字面义优先"来维护译名的统一性，而不是以"解释义"来充当译名厘订时的主要尺度。就海德格尔的 das Denken 来说，我最后采取了折中的做法，即：在 das Denken 偏于名词意义的语境里，我主要取"思想"译名；而在 das Denken 偏于动词（动名词）的语境里，则主要取"思"译名；动词 denken，则可取"思"，也可取"运思"或者"思考"。也因此，我们仍旧把本书书名译为《从思想的经验而来》。

本卷译事由本人和杨光博士、余明锋博士共同承担。本人承担了第 7—10 篇、第 16—19 篇、第 26—29 篇文章的翻译，德语原文共计 106 页；杨光博士承担了第 11—15 篇、第 20—25 篇文章的翻译，德语原文共计 81 页；余明锋博士承担了第 1—6 篇、第 30—35 篇以及"文献说明"和"编者后记"的翻译，德语原文共计 66 页。初稿完成之后，我们仨又相互审读和校改了译文。我最后对全书做了体例规范方面的审查和统一工作。两位年轻学者对于翻译工作的严肃态度是值得称道的。

本人承担的译文，有好几篇是从前完成的，如第 8 篇《从思想的经验而来》、第 26 篇《艺术与空间》和第 29 篇《所思》等，是我在 20 世纪 90 年代为编辑《海德格尔选集》（两卷本，上海三联书店，1996 年出版）而做的译文，年代已久远矣，个人文气已变，因此这次做了重新校订，有些地方几近重译。第 7 篇文章《对泰然任之的探讨》是《海德格尔全集》第 77 卷（《乡间路上的谈话》）的第一篇《'Αγχιβασίη［接近］：在一位研究者、一位学者和一位向导之间的一次乡间路上的谈话》的后半部分（约全文的三分之一），恰好该卷是由本人翻译的。第19篇文章《黑贝尔——家之友》是《海德格尔全集》第16卷(《讲话与生平证词》)的第222篇(《约翰·彼得·黑贝尔》)、第225篇(《约翰·彼得·黑贝尔》)和第226篇(《关于黑贝尔的讲话》)的重新组合和改写,这三篇也已经由本人译出。其他篇目均为新译。

本书已有陈春文教授的译本,书名作《思的经验》,由人民出版社于2008年首版。陈春文教授的译本有自己鲜明的个性,但在表达风格方面,特别是在基本词语的汉译方面,与我们的《海德格尔文集》的整体风格难合,自然也难以迁就。因此考虑再三,我们决定重译本书,书名重立为《从思想的经验而来》;而陈春文教授的译本则作为单行本由商务印书馆重版。我以为,重要文本有两个甚至多个译本,是可以允许的,也不失为好事一桩(比如在日本,《存在与时间》竟然已有不少于7个译本)。这是必须说明的一个情况。读者若有兴趣,可以把两个译本对照着读一读。

译事难,况且是海德格尔的诗意思想文本,况且本书的译事是临时决定启动的,时间比较紧张,错失难免,敬请识者指正。

孙周兴
2016年10月25日记于同济

图书在版编目(CIP)数据

海德格尔文集.从思想的经验而来/(德)海德格尔著；孙周兴,杨光,余明锋译.—北京:商务印书馆,2018
(2024.2 重印)
ISBN 978-7-100-15986-9

Ⅰ.①海… Ⅱ.①海…②孙…③杨…④余… Ⅲ.①海德格尔(Heidegger,Martin 1889-1976)—文集 Ⅳ.①B516.54-53

中国版本图书馆 CIP 数据核字(2018)第 056177 号

权利保留,侵权必究。

海德格尔文集
从思想的经验而来
孙周兴　杨光　余明锋　译

商 务 印 书 馆 出 版
(北京王府井大街36号　邮政编码100710)
商 务 印 书 馆 发 行
北京捷迅佳彩印刷有限公司印刷
ISBN 978-7-100-15986-9

2018年5月第1版　　　开本 710×1000　1/16
2024年2月北京第2次印刷　印张 17½
定价:88.00元